千古江山，英雄无觅孙仲谋处。
舞榭歌台，风流总被雨打风吹去。
斜阳草树，寻常巷陌，人道寄奴曾住。
想当年，金戈铁马，气吞万里如虎。
元嘉草草，封狼居胥，赢得仓皇北顾。
四十三年，望中犹记，烽火扬州路。
可堪回首，佛狸祠下，一片神鸦社鼓。
凭谁问，廉颇老矣，尚能饭否？

辛弃疾词传

燕赵奇士的家国悲歌

谢文婷◎著

文匯出版社

图书在版编目（CIP）数据

辛弃疾词传：燕赵奇士的家国悲歌/谢文婷著.-上海：文汇出版社，2013.9

ISBN 978-7-5496-0937-6

Ⅰ.①辛… Ⅱ.①谢… Ⅲ.①传记文学－中国－当代
Ⅳ.①I25

中国版本图书馆CIP数据核字（2013）第145091号

辛弃疾词传：燕赵奇士的家国悲歌

作　　者 / 谢文婷
责任编辑 / 乐渭琦
特约编辑 / 李　辉　瑞　霞
装帧设计 / 多多设计

出 版 人 / 桂国强
策　　划 / 新萌文化

出版发行 / 文匯出版社
上海市威海路755号
（邮政编码200041）
经　　销 / 全国新华书店
印刷装订 / 茂名市永达印刷有限公司
版　　次 / 2013年9月第1版
印　　次 / 2013年9月第1次印刷
开　　本 / 889×1194　1/32　字数 / 240千　印张 / 9

书　　号 / ISBN 978-7-5496-0937-6
定　　价 / 25.00元

目　录

序言

金戈铁马壮志难酬

热血男儿，金戈铁马。这样一个男子，凭着百炼钢的坚韧，奏出一首豪情万丈，让铮铮铁骨带着烽火硝烟的雄壮洋洋洒洒于世间；这样一个男子，依着绕指柔的缠绵，谱出一曲意蕴悠长，让绿水青山带着妩媚多情的婉约烟烟袅袅在别处。

他让壮岁旌旗拥万夫的意气风发渲染整个青春，在落日塞尘起的苍凉与广阔中，挥洒所有关于梦想的血与汗。只是，当这样的抛头颅、洒热血成为拍遍栏干、无人理会的结局后，那份无奈与沧桑也只能在漫游中慢慢领悟了。幸好，在经过一番沉寂后，生命终归迎来灿烂绽放的机遇，他终于在回首时，找到那个身在阑珊处的知己。然而，风起云涌的年代总会遇上翻云覆雨的勾心斗角，所以，还不如寻一方清淡，走一回归隐，让湖光山色的静谧沉淀最凄然的心境。只是，这样的闲适终熬不过他内心那份关于山河祖国的期盼，熬不过那一场醉里挑灯看剑，梦回吹角连营的执着。

辛弃疾，我们感动于他那一片为国为民的赤胆忠心，我们惊叹于他那一份身先士卒的无所畏惧，同样我们也臣服于他那一身底蕴深厚的文武兼备。也许，他那一声豪情的呐喊，终究没能唱响南宋最后的辉煌。但我们终能在蓦然回首后，于南宋摇摇欲坠的城墙上，看见他沙场秋点兵的雄姿英发。

第一幕 离乱

但愿山河宽，相逢一念间

01 | 转眼风流歇，却忆相逢时节

时常会想起，春风融融时满城的烟柳，曼妙的身姿在风中舒展，仿佛窈窕淑女对镜梳妆，“舞低杨柳楼心月，歌尽桃花扇底风”，不是江南，胜似江南，满城的飞絮像纷纷扬扬的白雪，缥缈了一场梦境，纷飞了半世缠绵；时常会想起，夏日炎炎时碧波粼粼的大明湖，平静的湖面像一面光洁的镜子，映出蓝天白云和湖边垂柳的影子，远山淡淡的轮廓只剩一抹剪影，与水色相映成趣，田田的荷叶层层叠叠，衬着粉的白的荷花格外鲜妍，“接天莲叶无穷碧，映日荷花别样红”，不是西湖，胜似西湖；时常会想起，秋风萧瑟时喷薄着生命的趵突泉，千年如一日的活跃，让人恍惚间不知今夕何夕，七十二泉的济南，是水的城市，是水的王国……

离开时毫不留恋，挥一挥衣袖，不带走一片云彩。然时光荏苒，过尽千帆之后，却又开始回味那种简单的美好，柳边的春雪，雨中的白荷，天边云卷云舒，庭前花开花落，虽然物是人非，时过境迁，

而不变的是那份安然，岁月静好，济南安稳。

斑驳的城墙上遗留着岁月的痕迹，那是曾经硝烟战火留下的伤痕，沿着时光的河流慢慢回溯，往昔光景像一幅幅墨色浅淡的画卷，尚来不及仔细辨认，已倏忽而过了。而在岁月的尽头，济南默然无语地矗立，安然等待命运的降临。

那一年是南宋高宗绍兴十年，公元1140年，距离北宋沦陷已过去十三年。那俨然是离乱的年代，战火的硝烟还没有散去，黑暗在地下蠢蠢欲动，只待时机一到便要喷薄而出，将大地卷入无边无际的黑暗中。朱红色的鲜血将山河大地染成了斑驳的色彩，无数的白骨在旷野上零落，风呼啸着语调破碎的歌。阳光下无一处可安居的地方，一群群无家可归的人衣衫褴褛，浑浊的目光中满是行尸走肉的呆滞。

而南渡的大宋王朝，似乎终于在那一场灭国之祸中回过神来，另觅了一处温柔富贵乡，继续他们醉生梦死的生活。“山外青山楼外楼，西湖歌舞几时休？暖风熏得游人醉，直把杭州作汴州。”[1]谁也不曾想到，在经历了那样的奇耻大辱之后，他们还能装作若无其事。而江北的人们，望穿秋水，也等不到想要的救赎。也许是命运出了差错，才会跟人们开了一个偌大的玩笑，只是谁都不能一笑而过。

那一年秦桧当上了右仆射，朝政大权完全掌握在奸党手中；那

[1]摘自林升《题临安邸》

一年，金人的魔爪再度伸向势微的南宋朝廷，被岳飞败于郾城；那一年，高坐在龙椅上的天子一日连下十二道金牌召岳飞回朝，河南州郡又一次陷落于金人之手……

那一年五月十一，刚过完端午，炽热的阳光也无法驱散空气中的肃杀。谁也未曾料到，就在那一天，济南将要迎来一个传奇。已经五十七岁的李清照也未曾料到，这一天，已经沦陷的家乡济南，将会走出一个英姿雄发的少年，漫溯过时光的河流，一步一步走到和她比肩的位置。那时，这片土地刚刚被强盗夺走，历城就被一声响亮的啼哭从噩梦中惊醒，那是刚刚出生的辛弃疾第一次向这世界发出的呐喊。

许多年后的这一天，亦是暑热难耐的时节，仕宦多年的辛弃疾在家中设宴做寿，不少友人前来道贺。素有才名的朋友韩玉在他的寿宴上作了一首词，满腔敬慕之意溢于言表："重午日过六，灵岳再生申。丰神英毅，端是天上谪仙人。夙蕴机权才略，早岁来归明圣，惊耸汉庭臣。言语妙天下，名德冠朝绅。绣衣节，移方面，政如神。九重隆眷倚注，伟业富经纶。闻道山东出相，行拜紫泥飞诏，归去秉洪钧。寿虾自天锡，安用拟庄椿。"[1]

他盛赞辛弃疾"丰神英毅，端是天上谪仙人"。自从贺知章将"谪仙人"一词冠于李白头上，便成了李白的代名词，而韩玉此语，即将他和李白相提并论。他确实像是谪落凡尘的九天神明，却非李白那样不染尘埃、飘逸若仙，而是心怀家国天下，以世间黎民百姓

[1]摘自韩玉《水调歌头·上辛幼安生日》

的福祸安危为己任。他是凡心太重，将百姓都装在心上，所以被谪下凡间，担荷天下诸般忧愁困苦。也许前朝范仲淹的话正是为他而说，“先天下之忧而忧，后天下之乐而乐”。无论苦乐，他甘之如饴，就像千年前《诗经》中曾经唱过的，“谁谓荼苦，其甘如荠”。

而在最初，辛弃疾也不过是个普通的孩童，在家人的期盼中降生。

新生命的降临冲淡了战火和时局带来的忧虑，辛府上下人等绽开了许久未见的笑颜。已届天命之年的祖父辛赞看着刚出生的孙子，眉宇间与自己颇为相似，心里不禁生出怜爱之情。也许正是因为有这些血脉相连的亲人在，辛赞才违背自己的心意，在金朝统治的地区做官。他知道自己不是一个人，辛家上上下下那么多人需要他来保全，他没有任性的权利，只好委屈自己。

辛赞原在宋朝为官，后来济南沦陷，辛家家族庞大，难以南迁，为了保全家族，他投降了金朝统治者，先后做过宿州、亳州、沂州等地方官以及开封知府，并受封为“陇西郡开国男”。他虽然在金朝做官，却无时无刻不想回到宋朝的土地。

他是刚烈而隐忍的男子，清癯的面庞上有着忧思愤懑的纹路，一身文人的长衫勾勒出单薄的身影，脊背笔直，身形坚毅。他为自己刚刚出生的孙子取名辛弃疾，希望他无病无痛、健康快乐地成长。而弃疾，也是去病也。西汉时的名将霍去病，以弱冠之龄率领军队抗击匈奴，收复河西走廊地区，官拜骠骑将军，封冠军侯。真真是少年英雄，光芒万丈，即便岁月的尘沙层层掩埋，亦难以遮掩他的光华，那一句“匈奴未灭，何以家为”的豪言壮语更是流传千古，成为多少热血男儿的座右铭。辛赞希望辛弃疾像霍去病那样，以驱除金人恢复河山为己任，将来建功立业，拯救黎民百姓于水火之中。后来，辛弃疾的确做到了，可惜他却看不到。人世无常，可叹可叹。

反观辛弃疾的父亲辛文郁，没有继承到辛赞的才干和活力，显得木讷和虚弱，所以一直不受辛赞的喜爱。这个落落寡合的男人在辛家更像是一个透明人，他没有先天的才赋，便只能靠后天的勤奋来弥补。可即便他再怎么努力，都没办法达到父亲的要求。

儿子的出生让辛文郁松了一口气。对于这个平庸木讷、虚弱多病的男人而言，辛弃疾出生时带来的喜悦，除却某种传宗接代意义上的欣喜外，辛文郁心底也有一种如释重负的感觉。想起无数个夜里，自己默默寒窗苦读，但十年寒窗的艰辛和努力，都没换回哪怕一次的正视。

也许儿子可以达到父亲的期望，那父亲就可以老怀安慰了。虽然，将父亲这份沉重的期望转移到儿子身上甚是残酷，但倘若这是辛家子孙义不容辞的责任的话，那他辛文郁只能如此绝情了。毕竟，他肩负着那份艰巨而沉重的使命已经走了近三十年，最终却只能抱着父亲的哀叹和自己的沮丧过此残生。

于是，自打辛弃疾生下来后，辛赞便将搁放在辛文郁身上的担子卸了下来，但代价却是让小辛弃疾此后的时光都驻守在辛赞的身边。所以，直至三年后，辛文郁怀着最后一份的愧疚离开这个让他又爱又恨的世界时，对于辛弃疾的印象，始终停留在刚出生时娇嫩的模样。

三岁的世界之于辛弃疾而言，还太过纷繁灿烂。他甚至不明白父亲为何宁愿日复一日待在床上，也不愿陪他去花园里捉蛐蛐，或是任他骑马，听风在耳边急急地呼啸。况且，关于那个缠绵在病榻的父亲，年幼的辛弃疾也自是不太喜欢其中浓厚的药味，以及屋里挥之不去的灰暗和沉郁。

反倒是祖父会在每个清晨牵着自己的小手，穿过大街小巷，去品尝一碗云吞的鲜香；或是在午后玩耍的时光里，缠着祖父放下手中的毛笔，陪自己去研究路上的蚂蚁为何源源不断地搬家；或是在某个秋雨绵绵的早晨，让祖父宽厚的大手包裹着自己柔嫩的小手，在洁白的宣纸上一笔一划地写下自己的名字……

如此明显的陪伴与疏离，让年幼的辛弃疾对父亲的印象更加淡泊。毕竟，有祖父如此宽厚而稳重的形象伫立在心间，留给那个木讷虚弱父亲的自然也就只有一声“父亲大人，近日可好”的浅薄问候了。

当辛文郁终于闭上他那双饱含辛酸与无奈的双眼时，他竟看到了父亲眼角的泪水。原来，素来刚强的父亲也会流泪。但他永远也不会知道，面容坚毅的老人在他闭上眼睛的那一刻，满头青丝成雪，仿佛瞬间老了十岁。

也许，作为父亲的辛赞不是不知道儿子的艰辛与努力，只是身处乱世与屈辱中的他们，手中握住的不仅是作为小我的奋斗与立业，还有一份身为大宋子民的复国与建功。所以，他的严苛以及儿子的碌碌无为，始终让辛赞心里郁结，自然也就让辛文郁活得无比压抑。但无论如何，辛赞先是一位父亲，再是一个坚韧的大宋子民，所以当自己遭遇白发人送黑发人时，他内心的苦痛也有着汹涌喷薄的趋势。

而三岁的辛弃疾还不知死亡为何物，仍旧一副天真烂漫的模样。未来有那么多的坎坷艰辛，一步一荆棘，一步一风雨，能不能让时光就停留在这里，停留在最初静好的模样？

愿用此之一生，换彼十年天真无邪。

02 | 长歌可以当哭，远望可以当归

父亲的英年早逝，年幼的辛弃疾自是不知生命的稀薄，也无法知晓父子情缘的浅薄。或许他隐约知晓那几天萦绕在他们家的悲伤气氛源于何种原因，但失去至亲的悲伤，似乎还不足以影响他那多姿多彩的孩童时光。

那些充斥在他小小世界里的新奇，已经让小小的他应接不暇了，所以附着在父亲身上的那份悲伤，自是很快就被他抛在了脑后。他还太小，辛家的长辈们也不忍苛责他，辛弃疾便幸得一段自由无忧的童年好时光。

只是，彼时南宋的政局却不像辛弃疾生活的那样，有着静谧的氛围，温暖的回忆。那时，先是秦桧在绍兴十二年加封魏国公，把持整个腐败的南宋朝廷。然后，凭着显耀的权力，秦桧不仅直接派使者向金国求和，而且还大肆镇压各种农民起义。让人哭笑不得的

是，大宋的最高统治者——宋高宗，竟以金国赐给他的“大宋皇帝”封号而洋洋自得，一副幸得此名的模样。

偏安一隅的恣意，就在统治者“乐不思蜀”的韵味中，在“绍兴和议”的屈辱协定里，将南宋彻底定位了。而那些盼着复国的宋国遗民，就这样被无情地抛弃了，徒留下无数人的血与泪，屈与辱。

当然，这其中也有像辛赞这样将自我尊严降到尘埃之下，让忍辱负重随着时间的沉淀，慢慢凝结成一种大无畏的厚积薄发。而在这种精神熏陶下的辛弃疾，自是不会忘却精忠报国的微言大义。自三岁开始，他就开始习读六经、诸子等文章，而且只要祖父辛赞奔赴任职的地方，定当随着祖父一起宦游。于是，广袤土地上的水深火热，从一开始，辛弃疾就有了更为彻底的认识。

当时间晃过辛弃疾刻苦学习的那几年，来到绍兴十七年时，秦桧的权势已然能一手遮天了。而这时已经八岁的辛弃疾随着祖父的再一次迁任，来到了河南开封，来到了安禄山叛唐后大摆宴会的凝碧池。奈何那年繁华如斯的开封城，如今只留下半城的断壁残垣，以及半城的萧索凄凉。

许是那年战火弥漫后的硝烟太过荒芜，或是“万户伤心生野烟，百官何日再朝天？秋槐落叶空宫里，凝碧池头奏管弦”[1]的那份悲伤太过刻骨铭心，所以当这样一段记忆在很多年后回涌到辛弃疾心中时，他依然能将那份百感交集一点一点地还原出来：

[1]摘自王维《菩提寺私成口号》

开元盛世，天上栽花，月殿桂影重重。十里芬芳，一枝金粟玲珑。管弦凝碧池上，记当时、风月愁侬。翠华远，但江南草木，烟锁深宫。

只为天姿冷淡，被西风酝酿，彻骨香浓。枉学丹蕉，叶底偷染妖红。道人取次装束，是自家、香底家风。又怕是，为凄凉、长在醉中。[1]

那一年繁华开遍，只为锦绣盛世叱咤而来，似乎就连冷月殿的桂花也都有了融融的景象。那一场飘香万里的芬芳，那一枝独秀灿烂的玲珑，或许才是那一年凝碧池最绰约的慵懒。只是，良辰美景奈何天的悲哀，一切的奢丽愁侬终究抵不过命运最不经意的捉弄。

之于开元的是安禄山肆意的糟蹋与背叛，而之于北宋的却是一场永不消磨的“靖康之耻”。当宋徽宗、宋钦宗如同翠华一般，随着金人的无情辱掠越行越远时，心安理得待在江南的南宋官宦们，却突然陷入了吴侬软语的糖果炮弹中，再也无法挣扎起“岳家军”的地动和山摇，只余满身的愁郁锁进深秋。是因为那早已冷淡了的天之娇姿，还是因为那些雄心壮志已然被悲凉的西风吹散到暗无天际的角落，所以只能凭着醉意的朦胧，以及幻想的妖红，去拼凑一个个凄凉、酸楚的夜晚。

或许，此时的辛弃疾还不足以体会到如此复杂的情感，甚至望

[1]摘自辛弃疾《声声慢（赋红木犀·余儿时尝入京师禁中凝碧池，因书当时所见）》

着这样一方容颜尽凋的土地，内心关于怅然若失的沉重早已席卷了他孩童中的美好愿景。所以，才会有这么多年后的深沉溢满于怀。

虽不能完全说今天出现在小辛弃疾瞳孔中的萧瑟，在时间的沉淀下，原封不动地成为他这一首词的主题。但时间的转向还是要留守在那位凉薄少年的旁边，一起去见证南宋的步步衰落，和他的步步为营。就像那个一直静静站在他身边的长辈一样，目光深深地遥望在宋朝曾不可一世的边界上，心中却定定地望着自己孙子的方向，仿佛在那个瘦小的身影上窥探到了关于中原、关于统一最坚定的希望。

有了这样一次对生命、对祖国命运的直接触碰后，辛赞对自己孙儿心性的锻炼也就告一段落了。况且，辛弃疾这时也到了接受教育的阶段，恰逢辛赞被派遣到亳州任职，就是在这里，辛赞让自己的孙儿拜到自己多年好友刘瞻的门下，在这里，辛弃疾遇见了此生第一个志同道合的朋友：党怀英。

党怀英比辛弃疾年长六岁，而且早年已在岩老这里习读钻研了，所以当辛弃疾以好奇与不安的状态初到这里时，党怀英已经能凭着青年的学识侃侃而谈了。

不过，党怀英从来都不是一个恃才傲物的“哥哥”，反倒将谦逊与和蔼深植于心，给予初来乍到的辛弃疾最初的温暖与关怀。岩老对于他们的相处模式十分欢喜，有时，他还会特地留一些诗赋的“空白”让他们自己研究，让他们的思想进行碰撞和交融，从而将这些文学底蕴深深地刻在脑海里。

这样的日子，因为有了党怀英如兄似友的陪伴，有了浩如烟海知识的补给，辛弃疾的成长是突飞猛进的。他跟随岩老学习诗赋、经义方面的知识，而这些知识虽然与辛弃疾集大成的豪放词有直接的关联，但是，人们还是可以从他的诗词中品读到岩老的平静野逸，这些是自然而然地流露，也是水乳交融的体现。

经常与年长的党怀英相处，也让辛弃疾的心境和思考方式越加成熟和理性，甚至超越了他这个年龄段的眺望高度，让辛弃疾的理想和目标愈加深远和醇厚。属于他这个时期的少年冲动和暴躁，在党怀英沉着的熏染下，少了几分急功近利的冒失，多了几丝深思熟虑。

只是这样的日子并没有持续太久，辛弃疾和党怀英的同窗友谊就走到了尽头。这一年，秦桧还在南方的那个都城中继续洋洋得意，岩老怀着对江山社稷最后的不舍，终于迈出了出山应试的脚步，并凭着他的出色才华，如愿以偿地南榜登科了。这样一来，岩老的私塾事业也就只能走上解散的结局。就此，辛弃疾和党怀英开始走向不同的人生道路。

谁也不知道，踏上那些道路后，此后的人生历程将会呈现出怎样的轨迹，但心性成熟的他们却非常明白，无论自己选择什么路，将来都不会后悔。所以，在离别面前，他们并没有表露出多么煽情的叮嘱与怀念，那轻轻落在彼此肩上的一个手掌，早已将生命的朴实与华丽慢慢地透露出来了，那短短的一句“保重”则将此后路途上的荆棘与阳光都严严实实地裹挟了起来。

前面的路坦然抑或坎坷，就让珍重一路随行便好。

结束了私塾学习的辛弃疾，并没有就此放下了对诗词、赋作的系统学习。此时的金国，为了让女真人的经济文化水平有更加显著的提升，也为了可以跟汉族有更加亲密的融合，早在1148年，就采取了“量才通用”的准则，让各民族间的缝隙缩小到可以彼此接纳的程度，同时，也让国家的群众基础有更加稳健的趋势。为此，金国也设下了类似宋朝的科举制度，经过乡试、府试、会试、殿试后，如若能上榜及第，便授予官职。

辛弃疾清楚地知道，自己想要有所建树，想要对受苦受难的黎民百姓有所贡献，就必须站在施政者的位置上。只有站的位置越高，他所实施的善政才会惠及更多的民众。辛弃疾想要保护的是整个大宋王朝的安定，所以，他要争取及早入仕，把握安邦定国的机会。而三年才一次的科举，他定然不能错过。

所以，待在家里的这两年，辛弃疾不仅没有将作息时间调宽一些，反而凭着强悍的自制力和高度的责任感，将之前的埋头苦读进行到底。这样一番努力与拼搏，终于在踏出乡试贡院大门的那一刻得到了回报。

后来，当辛弃疾回忆起自己第一次参加科举的状态时，他笃定地说，那时的他并没丝毫的紧张或无措。对于年方十四的他来说，反倒有点“初生牛犊不怕虎”的冲劲和自信。当他走出考场时，就知道自己能在三选一的考试中占据一个名额。所以当他顺利地通过了乡试，成功让自己的名字光荣地出现在了府试的名单中时，心中并没有涌现出太大的惊讶。

五个月后，辛弃疾又晋升到了会试的阵营中。这时，他才真正让欢喜与雀跃自然地从他羞涩的脸庞中绽放出来，但祖父的谆谆教导很快又让他回归到了严肃的境地中。

鉴于会试的考点远在燕京，辛弃疾不得不在这一年的年末出发，去参加明年初进行的会试。临行之前，祖父一直叮嘱辛弃疾放宽心态，无须将这次的会试看得太过紧要，第一次就当是磨炼，趁此机会，好好了解会试的形式。最重要的是，此次前去燕京，好好地观察燕京的地形地貌，以及军要安排，为以后的复国大业做好充分的准备。

所以，这一次远离家乡的求仕之路，辛弃疾完全是轻装上阵的。站在远离家乡的最后一块高地上，辛弃疾就这样静静地平视前方，不用长歌，也无须号啕大哭，他就以此静怡的方式来表达自己将要面对的异乡独行。毕竟，那份关于“谛观形势”的重任，已经在远处向他招手示意了，所以，唯有大步向前，方能还他男儿本色。

03 │ 两抵燕山

关于行走，即便辛弃疾来到这个乱世也不过短短十四年光阴，可他却让这片并不怎么安定的土地布满了他的足迹。虽然还不能用走南闯北来形容，但那些由小小年纪印刻的年华，却足以让每一次的行走都染上“少年横槊”的味道。

不过这一次行走，对于一个十四岁的少年来说，还是有某种惶恐在心头蔓延的。毕竟，一直以来在他身边默默关心他的那个人，这次只能看着他渐行渐远的身影，送上远远的祈愿。辛弃疾这一次北上，不仅背上了光宗耀祖的责任，也默默扛上了独自行走的大任。他知道，人这一生，总有那么一条路只能自己去走，或许自己的这一条路来得比别人更早一些，但关于理想，关于拼搏，他一向有自己的坚持。

这一次的远行，没有多少时间容许他将太多的茫然无措散发在路上。毕竟，压在他身上的担子，一直都不轻松，他除了要争取在金榜上有一席之位，还要将这一路上的所闻所见刻在脑海里，继而生成一种对天下形势的关怀。所以，在那一眼于高处的回望后，辛弃疾迈出的步调渐渐有了雄心壮志的气势。

只是，这样的气势却随着枯寂寒冬的肆掠，有了越渐消靡的趋势。他们这一路是从山东往北走的，所以越往前走，关于萧瑟的风气也就更加浓厚了。那些存在于辛弃疾十四岁脑中的纯真，就这样失去了与现实抗衡的力量。

一路走来，无论是一层一层衰败在广袤天际的山和水，还是在沦陷区苦苦挣扎的宋朝遗民，都狠狠地撞击着辛弃疾的心。他知道，自己现在所站的位置，所呼吸到的空气，所目及的世界，都在告诉他关于忍辱负重的长路漫漫。身上印刻的亡国奴身份，早就让他失去了理直气壮享受生活的资格。

国不是国的悲痛，支撑起的从来都是几万人，甚至是几代人的沉重。而这份沉重之于辛弃疾来说，似乎比平常人来得快，来得绵远。因为，就他身上的使命而言，父亲的瘦弱和平庸，祖父辛赞只能把所有的忠肝义胆、精忠报国的信念早早地寄托在他身上。所以从一开始，那些有关铁血丹心的豪情万丈，有关舍生取义的义不容辞便成为了他灵魂中奔流不息的血脉。

因而，就这样一路向北的辛弃疾，不仅让那些属于少年本能的好奇心和冲动彻底销声匿迹，而且还将这一路百姓的生存状况，农业收成以及金国士兵操练等一系列情况都进行了严密的观察。鉴于计吏在场的避讳，辛弃疾白天完成这些观察后，晚上还要挑灯夜读，将白天的所见所闻都记录下来，以便在结束考试后能与祖父细细讨论，寻找突破口。

日子就在辛弃疾一路的忙碌中匆匆而过，但这并不意味着他的经历也可以如时间流逝一样轻松与惬意。毕竟，官道还完全没有摆脱崎岖的折磨，而天气也不会放过这样一个彰显寒风得意的机会。所以，当辛弃疾一行人颠簸摇晃着来到燕京城内时，都有一种全身要散架的感觉。

长久以来，辛赞不仅教导辛弃疾在文章诗赋上要有行云流水的气度和能耐，而且还自小让他染习了“老夫聊发少年狂，左牵黄，右擎苍……会挽雕弓如满月，西北望，射天狼”的男儿本色，让他知道，强身健体，方能有国富兵强的可能。但这几天的劳累和辗转，还是让少年辛弃疾在驿站躺了好几天。借由这次光明正大的休息时间，辛弃疾把这些天的感触和捕捉到的细节进行了一个系统的整理，这些不仅可以充当应试时的材料，也是在祖父面前侃侃而谈的坚实资本。

迅速补充了精力的辛弃疾并没有像一同到京的考生那样，在驿站里抓紧时间复习，反而是迫不及待地奔向了京城的大街小巷。对于辛弃疾而言，这是他第一次参加会试，能考上固然是好事，但当遭遇高手云集时，他也明白这不是他所能驾驭的。所以，还不如将时间花在另一项同样重要的任务上，这样至少没辜负另一场努力的付出。

这一次大街小巷的查看，之于辛弃疾的自然也不是闲逛般的惬意。他要弄清整个京城的格局安排：皇城处于哪个部位，市坊居于哪个方位，以及它的开放程度。考究城内百姓的文化思想是否受到了高度的镇压，卫兵以怎样的频率进行巡查，又是以怎样的配置来排查可疑人群……这一切的一切，想要一一弄清楚已属不易，况且他还要藏匿自己的本意，以免陷入被调查的境地中。

身体的疲惫已经让辛弃疾超负荷了，再加上思想上的如履薄冰，他顿时有了悬在空中的眩晕感。不过，幸而这样的艰苦付出没有被轻易地辜负，至少这个新都城的大体构造和基本民情，他还是得到了一个比较细致的了解。但是，由于金国迁都也就短短一年的时间，所以关于整体的规划，或者说防护都还没有系统地定下来，辛弃疾也就只能凭着大概的事实作出似是而非的推测。

而这一场人生中第一次的会试，辛弃疾反倒能做出自信不疑的推断。他还太年轻，而这个考试却太过厚重，所以，当他在进阶殿试的榜单中没找到自己的名字时，并没有丝毫的沮丧。结果在预料之中，自然情绪的控制也就不会出现摇摆的可能。辛弃疾甚至连多留一天的想法都没有，在放榜后的第二天便步入了归途。

归心似箭的出发，不仅仅是因为家里有人在等候他，更重要的是，那种心里源源不断流淌出来想要表达自己意见的冲动，让辛弃疾的归途成为了马不停蹄最好的理由。

当辛弃疾看见那个静静等候在家门口的清癯身影时，那些所谓的淡淡失望、浓浓沉重都随风消逝了。他的世界还有人在帮他撑着一片坚强而执着的天空，他心心念念的国家还没有失去最后的希望，他的才华抱负还有施展的舞台，他忌惮的政权铁蹄还没有强悍到一马平川的地步。其实，一切都还来得及，还没糟糕到可以打败斗志的地步。

想到这里，辛弃疾突然就平静下来了。他慢慢地下了马，缓缓地走到祖父身边，轻轻地说了一句“我回来了”，再徐徐地随着祖父静静地走进里屋。原来，一切都可以如此的心平气和。

他们祖孙俩在屋里，就辛弃疾带回来的那些记录和观察，进行了交流。但奈何此时南方的宋国形势还不够明朗，起义一个接着一个，秦桧不仅依然把持着当国的权位，甚至还被封为嘉国公，不可一世地把玩着手中的权力。所以，这时也不能贸然投靠南朝。再加上这边的金国也还没暴露出什么大的漏洞，新都的建设还在进行中，一切也只能见机行事了。只是苦了沦陷区的黎民百姓，必须在乱世中苟活。

既然在大的形势上，辛弃疾无须做太过锋芒四射的事，但是默默地积累、慢慢地凝聚还是需要时日的堆积。所以，回来后不久，就开始厚积的历程。读书、练武，作诗、舞剑，循序渐进，只为将来某一天薄发时有最大限度的震撼。虽然按照金朝的科举制度来看，只考词赋，但这却不能成为辛弃疾择书的标准。

他不仅能对考试之外的经义和策论讲得头头是道，还对兵书这一类的素材极感兴趣。也许，当此后的某一天，当他以勃发的英姿骑马而立时，那道遗世独立的背影，那精湛独到的运筹帷幄，或许可以追溯到此刻的努力。

日子并没有快到一眨眼便是另一方天地的升起或坠落，但辛弃疾却分明感受到，时不待我的催促如无影的手，逼着自己赶上下一趟拼搏的路程。三年的时光，除了让稳重从最初的修炼成为现在的习惯外，那些隐隐显现在性格中的豪迈、大义凛然就这样成为性格的沉淀。

这一次的奔赴，较之上次，辛弃疾多了几分镇定和谨慎，少了几丝惶恐和紧张。而不变的，却是一样的目的，一样的洞察。或许，这一次的情境从表面上来说，有某种转好的迹象。毕竟，这几年海陵王完颜亮的改革在适应民心的同时，也适时加强了中央集权。反观南边的统治者，却还沉浸在美酒与奉承中，让昏庸无道弥漫成黎民百姓头顶上的阴霾。

辛弃疾看在眼里，自是知道自己以后的路程有多严峻。但祖国又是那般神圣的一个存在，又有谁会抛下最崇高的信仰，成为一个行无所据，灵魂无依的人呢？所以，即便心底早已燃上了焦虑的怒火，但辛弃疾却只能让这些愤怒在肚中缓缓融化，然后淡然地站在会试的考场上。

或许，对于这样一个不是归宿的国家，辛弃疾一直放不下心中的隔阂。所以，尽管能轻而易举地从乡试、府试中脱颖而出，但身处这个国家皇权的所在时，辛弃疾却怎么都阻止不了心中的抗拒渐渐生出反感的味道来。对这个现在被称为中都的地方，最大的兴趣只能停留在“谛观形势”上，而另外一个“正事”——会试，只能堆砌上知识的积累，却不能附送上思虑的成果。

这样的漫不经心，自然也就不会滋生出出人意料的结果。辛弃疾再一次落榜了，可对他而言，这无所谓失望或沮丧，这不过是又一次查看燕京的机会而已。虽然，在会试上失利了，但在察看京城的规划和城外的缺漏时，辛弃疾还是自有一番成果。而这一次，他终于对得起祖父“每退食，辄引臣辈登高望远，指画山河，思投衅而起，以纾君父所不共戴天之愤”[1]的愤慨了。

于是，扬马转身，前方也许不会一路坦荡，但抛在后面的却绝不是归途。况且，在辛弃疾心中从来都不曾让恐惧占有一席之地，他的风华正茂，不正是要那般光明正大地挥洒出来，方能让改变有发生的可能。所以，他慢慢地等待、沉淀，相信时间总会为勇者带来勇往直前的机会。

时间帮辛弃疾备好了足够的养料，让他在足够好的年华中，遇见并汲取到了充足的营养。虽然，他没处在足够好的年代，甚至从某种意义上来说，他所处的年代带有太过浓厚的乱世味道。但又有谁能否认乱世出英雄的雄姿英发呢，所以辛弃疾已然准备完毕，只待命运给予他足够一鸣惊人的机会，然后，意气风发。

只是，这样的意气风发还未来得及华丽转身时，那个站在他身后给予他最深厚支持的人，却轰然倒下了，徒留一整个天地的悲怆环绕着辛弃疾。

[1]摘自辛弃疾《美芹十论》

第二幕　英雄

壮岁旌旗拥万夫

01 | 聚众起义

这一年，辛弃疾恰逢双十年华，热情满载，无所畏惧。可就是在这样一个需要约束、需要指点的关键时期，却突然失去了依靠，失去了鼓励。祖父辛赞病逝，让这个豪情万丈的少年，瞬间有了走在惶恐边缘的感觉。

看着祖父在病痛的折磨下，一点一点地憔悴下去，直至骨瘦如柴，辛弃疾心痛不已。可连这样瘦弱的身躯都不复存在时，辛弃疾才知道原来悲痛可以这般彻底。那些祖父曾给予的谆谆教导，那些祖父曾镌刻在他记忆中的典范，甚至是那些他们彼此默然不语，静静享受春光的午后，就这样争先恐后地涌出来，扰得辛弃疾手忙脚乱，最后只能任由那荒凉与寂灭泛滥，让茫然无措如烟袅袅升起，挥之不去。

那顶压在辛弃疾头上的弱冠帽子还没完全戴稳，那些缠绕在生计上的百转千折，那些亘横在志向前的千军万马，从这一刻起，排山倒海般齐齐向他袭来，可是那盏引领他坚定走在未来道路上的明灯却就此远去。接下来的人生，辛弃疾只能凭着自己的直觉或是思考，走向遥不可知的未来。

但这样的被迫成长，辛弃疾却把它当作天将降大任的考验。他知道，自己必须撑起整个辛家的荣辱与跌宕，义不容辞。然而，他却不知从何开始，两次求仕不中，已然滋生挫败感，而在这个节骨眼上，又失去了祖父的庇护。

辛弃疾还在迷茫中徘徊时，金国朝廷中却发生了翻天覆地的变化。许是江南的风景美好得太过诱人，或是宋高宗之于江南的奢靡生活，惬意得让北边的君主滋生欲望，抑或是镌刻在女真人血液中的好战因子对这几年的休养生息太过不满……原因似乎有很多，但不管怎样，在这一年，金朝的右丞相蔡松年因为南侵的试探，被海陵王完颜亮鸩死。

正是因为这件事情的触动，辛弃疾似乎在一瞬间就明确了自己的方向。一直以来，在祖父的要求下，他对金国的时势就有着密切的关注，所以他清楚地知道，此次的试探，从某种意义上说，就是对南朝的一次间接性宣战。只是，身在繁花锦绣梦中的宋朝君主又怎能从昏庸中清醒过来，意识到自己王朝危在旦夕了。

深陷统治区的辛弃疾却感觉到了，他知道国家已经到了危急存亡的关头，倘若没有人来唤醒民众，那么南宋灭亡是无可避免的。况且，这些也曾是祖父心心念念的复国梦想，辛弃疾永远都不会忘记祖父在述说起这些复国梦想时的愤慨。当然他也知道，仅凭他一个人的力量是不能撼动金朝半分的，反倒会让金朝的强力镇压白白多一个牺牲者。

恰逢这时，从耿京起义军那边传来的消息，冥冥之中给辛弃疾指明了方向。想当初，耿京不堪忍受金人严苛的压榨，才集结同乡李铁枪等六人一起进到东山，开始了他们起义的历程。起初，因为人手有限，他们只能在山上打游击。不过，凭着他们敢闯敢拼的精神，以及流淌在他们血液中的忠肝义胆，他们吸引了来自四面八方的有识之士，甚至连那座山下的莱芜县泰安军也被他们吸纳进来，成为他们出生入死的生力军。他们就这样在点滴的积累中渐渐壮大队伍。

许是因为当时起来反抗的人们，都与耿京他们有着相近的辛酸，加之耿京的义薄云天，豪情直爽，那些独自奋战在抗金队伍中的地方起义军，也渐渐归顺到耿京的部下。来自蔡州的贾瑞，不仅带领自己的队伍归顺到了耿京的门下，还将耿京的部队分为诸军，然后又让他们各自前往招人，从而让整个军队拥有更加雄厚的基础，也让整个队伍有了更加响亮的名声。

如果说蔡松年的死让辛弃疾知晓了自己义不容辞的责任，那么耿京的英雄事迹则让辛弃疾明确了自己的方向。他要出征，他要起义，他要振臂高呼，要“纾君父所不共戴天之愤”，更要还九州大地一个安宁。或许，他即将要奔赴的这场命运，从出发的那一刻起，便要将生死置之度外，但此时的他就想义无反顾地冲上战场，驱逐金兵，保卫祖国山河。

确定了自己的方向，辛弃疾义无反顾地向前出发了。出发之前，辛弃疾去了祖父的坟茔，双腿直跪，身姿坚挺，就像无数次，在祖父的监督下，于庭院中的扎马步一样。

并不是不悲痛，只是男儿有泪不轻弹。辛家男儿与生俱来的壮志，让这个刚刚迈入成年阵营的男子知道不能用眼泪来宣泄满腔的伤悲。所以，在无人的绵绵细雨中，在祖父肃穆的坟茔前，辛弃疾独自跪在那里，学着用心去和祖父交流与倾述。

当辛弃疾真正投身其中时，才发现振臂高呼没那么容易。虽然在这乱世中，各种反抗散布在各个角落中，那些似有似无的呻吟，也无时无刻提醒着身在沦陷区的同胞们，关于亡国奴的欺辱与悲痛。只是，前面一批批倒下的身躯，仍旧没能换来丝毫的怜悯，抑或成就，反而让变本加厉的苛政，成为黎民百姓永远耷拉着头的始作俑者。

辛弃疾知道自己不能成为倒下的那一批，毕竟用自己的尸体为金朝的严酷铺路太过悲哀，也太过讽刺。然而，聚众而发，虽然表面上存在的契机足够充沛，但怎样将民众的激愤集结成一股震山动地的气焰，将金朝的士气挫败到无法挽回的低点，这才是他辛弃疾出发的目的。

正是因为有了这样的认识，当辛弃疾奋战沙场时，他就开始注意身边是否有可用之人。他亲自奔赴那些税赋最严重的地区，然后严密地关注着有反金动机的民众。接着，再一个个地登门拜访，晓之以情，动之以理，说服他们为自己的自尊而战，为儿孙的安定而战，为祖国的未来而战。为了说服他们，辛弃疾甚至将自己的家财也贡献出来，用去抚慰那些奋战在前线将士们的贤妻幼子们。

在民族大义的感染下，在辛弃疾激情澎湃的游说下，在中原男儿义薄云天的气概下，辛弃疾率领两千义士揭竿而起，开始了他们反金起义的征程。

当辛弃疾凭着视死如归的士气，准备大步迈前时，他不禁转过身望着身后的这两千壮士，而前些日子的奔走似乎就这样成为了缥缈的云烟，只留下漫天的果敢充斥在每个勇士的呼吸中。静静伫立着的他们，夕阳将他们每个人的身影拉得很长很长，仿佛就这样长过了他们曾守候过的时间。他们清楚地知道，那个只有一河之隔的国家，才是他们真正想要守候的永远。

关于祖国的沦陷和侵略，关于百姓的痛苦与颠沛，关于他们自己的挣扎与不满，他们有太多的愤慨想要抒发。既然金人滥用铁骑来践踏大宋子民的自尊与幸福，那么他们也只好“以其人之道，还治其人之身”，就让战场上的风沙弥漫、血肉横飞成为胜者最后的赞礼。

起初，他们阵营弱小，不能正面和金军起冲突，只能在小村落中徘徊、遮掩，帮这里的父老乡亲除掉一批地痞无赖，或是在小县城中穿梭，帮那边的贫苦百姓开仓发粮。

他们这样的起义，很大程度上只能算是一支游荡在低层次的游击队伍，没能引发多少强硬镇压，也无法获取多少夸耀的胜利。但牺牲，却也无可避免。从踏上这条路开始，辛弃疾就知道，生命之于他们的意义将只剩奢望。可当他眼睁睁地看着一个又一个的兄弟就这样缓缓停下他们生命的脚步时，悲伤和痛苦不可抑制地迸发出来。当那些淋漓的鲜血直直地挥洒在黄土大地上时，关于力不从心，辛弃疾有了鲜明而无奈的感触。为国献身固然光荣而骄傲，但这样的牺牲终究有点得不偿失，毕竟靠这样的小打小闹不能半分收复失去的城池。

这时，辛弃疾又一次想到了耿京，想到了他旗下十多万的将士们。既然凭着他们的孤军作战不能掀起多大的血雨腥风，还不如将自己这一条小溪汇入耿京那一片大海，然后共同掀起一片滔天巨浪。况且，之前归顺耿京的贾瑞，现已被任命为军中的诸军都提领了，同样能为反金做出别样的贡献，他辛弃疾又为何不可？

于是，辛弃疾带着自己的小部队投到了耿京的门下。耿京对于像辛弃疾这种有能力、敢拼命的铁骨硬汉自是十分欢迎。况且，辛弃疾不仅能凭着马革裹尸的英勇冲锋陷阵，还能依着手中的狼毫挥斥方遒，书写出另一番豪情万丈的天地。而此时，耿京为了让自己的名声能够引领出更大的号召力，便自称“天平节度使”，以此“节制山东、河北忠义军马”[1]。所以，因着辛弃疾这样的文武双全，耿京特地任命他为军中的掌书记，全权负责军中的政务以及机要记录。

虽然辛弃疾的个人领袖生涯在此画上句号，那些从他手中交送出去的兄弟们，以后或许只能冲着耿京喊“大哥”了。但这样的甘于人后并没有抹杀辛弃疾那叱咤金戈的勇猛之气，反倒越加成熟起

[1]摘自《宋史·辛弃疾传》

来，此后的每一步，他都踏出极尽稳妥的基调。

既然身上已经背负另一个身份，肩背另一种使命，他自是不能辜负这样一番勉励与重任。那份愈演愈烈的激昂向上，或许就这样成为了辛弃疾对于这份职责最直接的表态。征战沙场时，他凭着初生牛犊不怕虎的勇猛劲，直直地把敌人逼到退无可退的境地。固守军营时，排兵献计，挥文洒墨。

不过，那些战功也好，赞扬也罢，非但没有让辛弃疾生出恃才而骄的孤芳自赏感，反而让他越发想为整个军营做出更多的贡献。这样一番经历的洗练，虽不至于获取战功赫赫的荣耀，但关于脚踏实地，辛弃疾一直都坚信不疑。毕竟，前方的路太过漫长，他始终不想让荒废带着污点，染上他生命的某一个角落。

02 | 奉使江南

掌书记的职责和任务与弟兄们在战场上的槊血满袖相比，似乎要轻松、惬意得多。但在辛弃疾看来，做好掌书记也绝非一件轻松的事，这不仅需要他有征战沙场时的豪情澎湃，还要拿满腹经纶做底气，才能将军中事务安排得透彻妥当，才能让那些与他出生入死的兄弟心服口服。

辛弃疾知道自己做得还远远不够，所以，他只能更努力，更认真。因此，当他听说之前的一个朋友义端也不堪金朝的残酷统治，率一千余人在泰安城下驻扎时，他便抑制不住激动的心情，想要将义端也说服到耿京的部队中，为起义军再增一股力量的同时，也让他们的号召力和反抗力有更加充足的底气。

辛弃疾与义端只交往过几次，也是从零星几次的谈话中，知晓他对军事的热爱。至于这个人的品行或为人，他几乎是一无所知。但想到义端既然已经举起旗帜，公开反抗金朝，那与他们就是一条道上的战友了。既然义端都与自己“毗邻而居”了，自己又怎么忍心让他遭遇自己之前孤军奋战的处境。

于是，辛弃疾自告奋勇地奔赴泰安。入到义端营中的他，甚至连寒暄都没来得及铺陈，便直奔主题，发挥自己作为掌书记的游说本事，将义端他们的困境、耿京队伍的优势，甚至未来他们一起战斗的蓝图都规划出来了，终把义端说服了。

当辛弃疾还沉浸在又为军队贡献一份力量的喜悦时，这个他不曾深交的友人，却狠狠地把辛弃疾的这份推荐之情背离成了叛逃。也许，从一开始，义端就没有存着与辛弃疾并肩作战的心，只是想趁着归顺耿京的契机，更好地为自己的私利谋福。所以，义端在归顺耿京队伍不久，就在一天夜里盗走了军中的印信叛离了。

耿京自是十分愤怒，没有逮住义端的他，便将这份怒气撒到辛弃疾身上。一方面，这个人是辛弃疾极力引荐的。另一方面，军令如山，不以规矩，不能成方圆，耿京再怎么惜才，也不能对这样严重的纰漏熟视无睹，不然自己如何向身后那班跟他出生入死的兄弟交代。对于耿京的勃然大怒，辛弃疾也是理解的，所以当他面对军中扑面而来的杀气时，既没有跪地求饶，更没有嘶声力竭地诉说着自己的无辜，只是凭着自己向来坚挺的骨气，掷地有声地说：“丐我三日期，不获，就死未晚。”[1]

这么多日子的相处，耿京相信辛弃疾的为人，痛快地答应了。

[1]摘自《宋史·辛弃疾传》

虽然辛弃疾对义端的卑鄙行径没来得及防范，但对这个小人的最终目的还是有足够把握的。所以，辛弃疾直接往金朝都城的方向奔去，毕竟，拿着印信的义端又怎会放过这样一个取悦金朝帅将的绝好机会。事实上，果然不出所料，在距离金军的驻扎营地还有好一段距离的地方，辛弃疾将落荒而逃的义端给拦截了下来。

几番打斗下来，义端便败阵下来，只能急着说："我识君真相，乃青兕也。力能杀人，幸勿杀我。"[1]可辛弃疾不会再被这样的谎言迷了心智，他直接一刀砍下义端的首级，以此证明自己心属军营的决心。

义端引起的风波就这样完美收场了，军中将士钦佩辛弃疾单枪匹马的勇气，并为他的人品所折服。至于耿京，从一开始他就没有怀疑过辛弃疾，当这件事完满结束后，他自然更加信任辛弃疾了。

虽然，这支庞大队伍的集聚，从很大程度上来说，只是人们走投无路时的最后选择，这其中，甚至还有不少想投机的流民土匪，但不可否认的是，当他们的队伍日渐庞大，特别是当大名府的王友直也传信给耿京，愿意听从耿京的调遣后，他们的势力渐渐有了威震一方的名气。

不过，这样的声势浩荡却给了金朝明目张胆镇压的机会，如今，他们甚至不能将战斗的主方向放在帮助沦陷区民众的身上。这样的疲于奔战虽不至于将耿京他们置入不可回转的绝境中，但连续不断

[1]摘自《宋史·辛弃疾传》

的袭击却大量消耗着他们的士气，那留守在他们阵营中的雄壮气势终有一天会疲倦消亡的。

为了守住这样一份热血沸腾带来的张扬，也为了让这份勇气能担负起更大的责任，辛弃疾觉得他们是时候向南边的宋朝靠拢了。毕竟，将他们这样的游散队伍归化到宋朝正式的编制下，不仅能给予他们名正言顺的身份，同时也能让将士们的抗金带着民族尊严感，将保家卫国进行到底。说不定，有了归属的将士们会因为官方承认，愿意拼尽全力去收回那一座座被金朝占有的城池。

对于辛弃疾提出归顺宋朝的想法，耿京动心了。当初要不是被逼到无路可走，他们也不会冒着生命的危险揭竿而起。如今，他们已经成为了被欺凌民众的期望，倘若有更加可靠的支撑，让他们继续战斗，又有什么好犹豫的。

耿京期许的那个支撑，虽不奢求多么的强大或有利，但它至少要拥有同样的愿望才行。而这就是耿京对于归顺宋朝最大的犹豫。关于收复山河，重振霸气的复国理想，宋朝的最高统治者或许早就被江南的婀娜迷醉到艳遇歌巷中了。就算他们这些草莽之士，有着再大的视死如归劲，在这样的朝政引领下，真的能实现光荣的复国之梦吗？况且，他们一开始便是傍着农民起义的身份起家，这无论之于哪个朝代，都是国家统治者最忌讳的存在，纵使他们这次反对的是金朝。所以，对于是否归顺，以怎样的方式归顺，有着太多的疑问和困难亘横其中，而这些迟疑，并非耿京的杞人忧天，因为此时的耿京，肩负的是二十几万兄弟的性命，他不得不谨慎行事。

于是，耿京在与贾瑞和辛弃疾严密的商讨后，决定先派人去宋朝那边探探口气，再做最后的决定。耿京要镇守大本营，走不了，而这个人选自然就落在了贾瑞身上。贾瑞是这支队伍的元老，一直与这支队伍共进退，有足够的分量担此重任。不过，对于贾瑞来说，他虽然能在战场上所向披靡，但要去与文人儒士舌战斗理，他可不行了，于是，便向耿京申请“如到朝廷，宰相以下有所诘问，恐不能对，请一文人同往”[1]。就这样，辛弃疾又被委以重任，随同贾瑞前往江南。

当辛弃疾他们忙着赶去江南找寻复国途径时，那厢的海陵王已然不能忍受自己称霸一方的愿望还搁浅在梦境中，所以他先是不顾众人反对，将都城迁到了汴京，为南侵做好前沿准备。然后，便率领六十万大军，一路向南，直直进犯到了淮甸。

途中，他还兴致勃勃地挥毫出一首诗：“万里车书一混同，江南岂有别疆封？提兵百万西湖侧，立马吴山第一峰。”[2] 这首诗字里行间流露的不仅有海陵王澎湃的统一梦，也表露了海陵王将这次南侵之行看作是只许胜不许败的破釜沉舟之举。而与如此磅礴气势相对的，宋朝的统治者似乎还未从醺醺然的酒香中清醒过来。宋高宗将这一生最恢弘的成就都贡献给了那一手飘逸渺渺的书法，还天真地以为守着那一纸一戳就破的“绍兴和约”，便能守住全天下的

[1]摘自徐梦莘《三朝北盟会编》

[2]摘自完颜亮《南征至维扬望江东》

国泰民安。所以，当有官员冒死将金国南侵的消息传达过来时，他却置若罔闻，将享乐放在至深处，高高供养。

所以，当辛弃疾到达他们预定的第一站——海州时，完颜亮已经大军压境了。幸而这边的将士虽然还未吹起战斗最雄浑的号角，但至少在防御上他们还是做到未雨绸缪。为了尽快面圣，也好为这次的应战贡献出他们的力量，他们一行人冒着九死一生的危险，马不停蹄地赶到了楚州，终于见到了淮南转运副使杨抗。而杨抗也没辜负他们这样一路的奔波劳累，不仅将圣上亲征的好消息告诉了他们，听说了他们的来意后，还派了一支卫队护送他们到建康。

一路上，辛弃疾他们也真正见识了宋朝的力量。虽然，宋朝是在几近兵临城下的境遇中，才于醉生梦死中挤出几丝清明，连忙开始抗击和抵御。等宋朝将士兵安排妥当时，完颜亮率领的大军已经渡淮成功了。但这样的懒散与逍遥，尽管在上层士族中演得如火朝天，可宋朝的铮铮男儿，却从来没有忘记过“天下兴亡，匹夫有责”的责任。

所以，完颜亮亲自率军抵达采石，准备来个乘胜追击时，宋朝的将士们就在这里狠狠地给了他一个下马威。似乎前面的胜利太过容易，于是在攻取采石时，他们便被自信蒙昏了头。他们太过高估自己的实力，又太过低估宋朝军民的顽强。

临危受命的参谋军事虞允文到达芜湖时，情形已经对宋朝大大不利了，再加上前面几仗的节节败退，更是让士兵们没了战斗的士气。所以，虞允文先是给了士兵们以军功的保证，只要能披阵杀敌，军功章中就有谁的名字。然后，他牢牢把握住金军这个骑马民族不善水上作战的弱点，积极安排战术，在船上和水闸控制上大做文章。最终宋军不仅在采石大败金军，而且还凭着以少胜多的绝对优势，对金军的第二次进攻也给予了最彻底的反击，直逼得完颜亮只能退守扬州。

很多年后，当辛弃疾再次回忆起自己亲自目睹过，并小部分参与了的这场战争时，他总是忍不住赞叹那时的豪情与壮志，那时的热血与沸腾。

落日塞尘起，胡骑猎清秋。
汉家组练十万，列舰耸高楼。
谁道投鞭飞渡，忆昔鸣髇血污，风雨佛狸愁。
季子正年少，匹马黑貂裘。[1]

那时，他正处在年少最轻狂的日子，关于书生意气，关于风华正茂，他有太多资本可以随着胯下的良驹高高扬起。犹记得，那年的落日带着血红的颜色，直直地落在漫天的风尘中，夹杂在这漫天扬尘中的还有胡人那嘶鸣不止的马骑。这一边，宋朝组建的十万军队，舳舻千里，将金人渡江南下的痴望就这样轻而易举地拦了下来。那一日，他和他的同胞们，用鲜血将他们的盔甲染成了足以与晚霞媲美的颜色。

[1]摘自辛弃疾《水调歌头·落日塞尘起》

这样的胜利不仅鼓舞了军中的士气，同时也让辛弃疾他们再次坚定了归顺宋朝的决心。因为，这片土地上分明有着汹涌澎湃的报国心、爱国情在熊熊燃烧着，残喘活在这片土地上的人们，一直在用他们自己的方式，在向所有人投递着他们对这个国家的希望。因此，他们没有什么理由再犹豫了。

03 | 百万军中若等闲

采石大捷的消息，瞬间点燃了奋战在第一线士兵们的战斗激情，他们恨不得就这样凭着血肉之躯的堆积，换回整个国家的光复与统一。就连留守在宋朝各边界的戍卫们，也都有了跃跃欲试的冲动。在如此高涨的士气逼压下，完颜亮最后不得不放弃扬州这块富裕之地而奔向瓜州。

当宋朝的将士们准备和金军来一场最后的较量时，却不曾想到，完颜亮竟然在自己的军营里被部将杀死了。毕竟，这样一场背信弃义的战争，使得众多士兵陷入抛家弃子的境地，最后还不能荣归故里时，金朝士兵们积聚的愤怒最终爆发了，他们选择杀死完颜亮，拥护更加深得人心的曹国公完颜雍。

金国的形势发生了彻底的变化，除了改朝换代带来的局势动荡外，新上任的君王似乎也不愿将上代君王犯下的错进行到底，所以完颜雍登基后，便向宋朝送上了和议书，期望金宋两国再次恢复和平友好的同时，也希望给予金国休养生息的机会。为了彰显诚意，绍兴三十二年年初，金军便渡过淮河直朝北面退去，五天后，大军便悉数退出了宋国境内。当然，向来主和不主战的宋高宗又怎会放过这样一个机会，自是欣悦地同意了。而此时忠义人魏胜凭着这股局势逆转，乘胜收复了海州，给宋朝以绝对底气的支撑。就连远在河北的“天雄军节度使”王友直也渡过淮河，归顺到了宋朝。

为了顺应民心，宋高宗亲赴战场，犒劳或哀悼将士们。他先是去到了镇江，然后便来到了建康。就是在这里，辛弃疾他们一行人受到了宋高宗的接见。

对这场战役中获得诸多胜利而洋洋自得的宋高宗，听了辛弃疾他们忠诚的归顺意愿以及他们所做的贡献后，龙心大悦，当下就把“天平军节度使”这个称号赐予耿京，然后又赐予贾瑞“武郎合门祗侯”的封号，辛弃疾被授予友承务郎一职。而其他近两百军中兄弟，也因着军功的大小，依次有了自己的官位。

由于耿京他们还在东平府威震着那边虎视眈眈的金军，所以辛弃疾他们需要赶回大本营，将这些授命传至每个人的手上。朝廷也特此派了枢密院的吴革和李彪两位官员陪同他们一起前往耿京的军营。可不曾想到的是，才走到海州，养尊处优的他们竟直言他们不再前往，就待在海州，等耿京来到这里后，再进行授命告节之类的仪式。

这般无赖行为，弄得辛弃疾他们都不知道是该为他们的滑稽而笑，还是该为这些朝廷命官的懦弱而愤怒。但不管他们内心的那份滋味如何，寄托在他们身上的那份使命却由不得他们在此逗留。辛弃疾他们也只好由着吴革、李彪以“虚弱”之名留在海州，他们则快马加鞭向军营奔去。

幸而，耿京体谅他们日夜兼程的辛劳，特别让李宝遣派王世隆率十多名骑兵与辛弃疾他们一同前往。王世隆本是耿京门下的一员大将，作战经验丰富，为人更是正直不阿。一路上与辛弃疾相谈甚欢，辛弃疾说着他两赴燕山的所见所得，王世隆则谈论着他上阵杀敌的惊险经历。

一路上，有志趣相投的人同行，多少消弭了马不停蹄赶赴所带来的疲惫。加之他们在路上还知晓了皇上大赦天下的消息，所以他们一边感受着这份难得的胜利，一边更加坚信他们的决定。

只是，令辛弃疾他们没想到的是，蕴藏在他们内心的那份喜悦，还没来得及倾情传递，却因为传递对象的夭折，而直直地化为无言的怅然若失。他们希冀能带给兄弟们豪爽大笑，能带给兄弟们安心的背后力量，就这样空留满腔的欲语还休，将酸楚弥漫在整个东平府。

那日，辛弃疾他们还在为日后制定蓝图时，却被前来密报士兵带来的消息给狠狠地震住了。原来，守在大本营的张安国听说辛弃疾成功归宋后，竟不惜背信弃义，残忍地将耿京杀害了，然后带着那些愿意跟随他享尽“荣华富贵”的义军们，一起投奔了金国。

而剩下的那些义军，有的因为停战所带来的暂时安定，重新回归到农田中去找寻生计和出路；有的则因为突然的变化，茫然失措，又忌惮金军的镇压，竟真的听从了完颜雍“在山者为盗贼，下山者为良民”的诱言，成为了“改邪归正”的代表；有的虽内心坚守着对金军的反抗，但因为无处可去，又无人指引明路，要么投奔了其他的起义军，要么干脆自成一支小队进行抗争。如此一来，那些没有跟随大势东奔西走，留守在原地等待辛弃疾他们统领的，一时竟寥寥无几。

辛弃疾他们得知这个噩耗后，还没来得及为耿京的惨死而悲伤，便决定先奔回海州，以商后事。毕竟，此时他们几近金国的管辖之地，倘若叛贼张安国来个赶尽杀绝，他们的处境还是相当危险的，所以他们必须先回回到宋国的辖地才是最保险的。

狼狈地赶回海州的他们，顾不得理会吴革和李彪的冷嘲热讽，便投身到了密议中。感受到了事态的严重性，辛弃疾忧心地对大家说道：“我缘主帅来归朝，不期事变，何以复命？”[1]

他们一行人本是奉耿京之命前来与宋朝讨论归顺之事的，可如今，正式的授命还未举行，主事者却不在了。辛弃疾突然觉得耿京身上有着太过浓重的“出师未捷身先死”的悲壮感，而作为兄弟的他，绝对不允许这样的悲哀延续。他们略微商量后，便一致决定赶赴金国捉拿张安国归案，最不济也要斩杀掉这个无耻之徒，以慰耿大哥的在天之灵。

做出决定的当晚，辛弃疾与王世隆等人便马不停蹄地赶赴张安国所在军营。他们之所以如此迫不及待，除却内心的愤怒外，也是

[1]摘自《宋史·辛弃疾传》

想趁着张安国疏于防范时，杀他个措手不及。

事实证明，他们这次的计谋相当成功。等辛弃疾一行人赶到张安国驻扎地时，张安国的营中已然是一片安乐祥和的场面，各路官员们、将士们齐聚一堂，美酒、美食、美女环绕周围，处处洋溢着胜利的喜悦。张安国一边与金将们在帐篷中大肆享乐，一边沉醉在他自己的“丰功伟绩”中无法自拔，颇为得意。

早已酒酣醺醺然的他还没来得及惊呼出声，便被疾奔过来的辛弃疾和王世隆虏到了马上。而那些与他同处一室的金军们，只感觉到一股疾风袭来，然后就发现张国安凭空消失了。酒精麻痹了金将们的神经，等他们反应过来，拿起兵器冲出军营，准备与辛弃疾他们大战一场时，已经看不到辛弃疾他们的身影了。

辛弃疾成功缉拿张安国后，便将他缚在马背上，连夜驮回了宋国。这一次，辛弃疾没有像对待义端那样，将他斩于马下，取他的首级去祭奠耿大哥，而是将他带回宋朝，交由朝廷审判和处罚。毕竟，耿大哥被残忍杀害之前已经被圣上亲封为“天平军节度使”，已是宋国朝廷中的一名官员了。所以，杀害他的凶手，理应交由刑部处理。

虽然辛弃疾没能手刃这个叛徒，但那场夜里的奔袭，却让他铭记一生。多年后，当这样一份志气满满带着萧条的意味渐行渐远时，辛弃疾忆起当时的自己，为他那一刻的壮志凌云，也为他那时对抗金朝的酬志满怀发出了如此的感慨。

—

壮岁旌旗拥万夫，锦襜突骑渡江初。燕兵夜娖银胡簶，汉箭朝飞金仆姑。

追往事，叹今吾，春风不染白髭须。却将万字平戎策，换得东家种树书。[1]

那一年，于马上的睥睨，那份关于男子气概的展示，让辛弃疾感念一生。正值壮年的他，同背后上万的士兵并肩作战，出生入死，将天下的安乐和统一都齐齐地系在他们年轻的身躯与意志中。驭马杀敌，冲锋陷阵，他们从来义不容辞。

所谓盛极必衰，无所谓人或事，这个千古以来始终不变的真理，走到这里，似乎也到了在辛弃疾身上显现的时候了。从聚众起义时的振臂疾呼，到掌书记时的文武双全，再到捉拿张安国时的豪情激昂，似乎这一路走来，辛弃疾就这样完成了自己戎马生涯中最为辉煌的一段光景。那是多么的英姿勃发，多么的潇洒恣意。

而这段辉煌灿烂的光华，对辛弃疾他们这群起义军来说，他们的抗击虽不能对金国造成致命的打击，甚至连击退金军攻击都做不到。但他们却把这样的出生入死，那一场浴血奋战当作了永生的怀念。抛头颅、洒热血的慷慨就义，成为了每个铮铮男儿最初也是最终的执着。辛弃疾也将自己的满腔热血，染就成了一场气壮山河的正气凛然。

也许以后只剩下怀念，只留下唏嘘，但幸而他还有这样一段回

[1]摘自《鹧鸪天·有客慨然谈功名因追念少年时事戏作》

忆，将那些疯狂的岁月，当成每一次冲破幽暗悲寥，打碎意兴阑珊的法宝。毕竟，那年的揭竿而起，那时的一马当先，那份忠肝义胆曾见证过他义无反顾的青春。

第三幕 宦游

把栏干拍遍，无人会，登临意

01 | 江阴，失望的开始

当捉拿张安国的事件慢慢落下帷幕，辛弃疾心中的那股傲气与雄情却怎么也无法平息。于是，凭着心中的这份壮志凌云，他让张安国旗下的五万士兵投顺了耿京之前的部队。虽然，这支部队几经调整，早已没有当年那般的强大和宏伟，但毕竟是集聚了二十几万兵马的阵营，仅是在数量上就能给予敌方以瘆人的压力。

但是，剩下的这些士兵，在经过群龙无首、蓄意挑拨、生死相别等考验后，即便人数上有所锐减，但斗志上却更加昂扬，士气更加高涨。所以，当辛弃疾引领着这样一支势头高涨的队伍投奔到宋朝时，他内心萦绕着骄傲和自豪。因为他知道，有了这样一支队伍的加入，即使他不能成为率阵杀敌的首领，但至少在抗击金军的力量中，他们会成为宋朝兵营中一马当先最富实力的队伍。

带着这支庞大的队伍正式归顺宋朝后，长久以来盘旋在辛弃疾心头的那股不甘与压抑终于完全释放了出来。因为，这样的投奔也算是对逝去的耿京有了交代，他可以安息了，而辛弃疾也就此安心了。从此以后，虽然他们不再凭着起义军的名义征战沙场，但他们却能在国家的号召下，为着民族尊严骄傲地出征。

如今，金国内部争斗正如火如荼，对于对外侵略，抑或抗击外族，早已无暇顾及。这无疑是大宋王朝最好的时机，只要宋朝乘胜追击，那些被掠去的城池，那些受苦受难的宋国子民，终将一一归还到原来的位置。一想到这些，辛弃疾就激动不已，似乎恢复宋朝的无限荣耀，完成统一大业的目标已经实现眼前。

可这样的希冀，这般的豪情，辛弃疾还没来得及展示他“男儿何不带吴钩”的气概，皇上的一道圣旨却令他的这份希冀与豪情戛然而止。那些埋藏在他心底的铁血烈马，那些威风凛凛，从此就这样成为了他不能实现的执念，日日提醒着他，又夜夜啃噬着他。他只能在每个夜深人静的时候，默默地望着窗外的月亮叹息，为他，也为这个国家。

其实，早在他去捉拿张安国之前，他就已经知晓金国送来了和议书。他也知道当朝的皇帝没经过多少考虑便答应了这样的求和。但他一直以为，这样的决定不过是朝廷的权宜之策。毕竟，那时的宋国也损失惨重，士兵们需要适时的休整和调养，方能积聚更大的战斗力。

而如今，金国政局还未完全稳定下来，宋国这边的圣上就已经禅位给了宋孝宗赵昚，而赵昚向来反对之前宋国屈辱求和的一系列行为，辛弃疾觉得，孝宗即位后，自己理应重战沙场，又怎么会被任命为江阴签判？虽说，关于这个任职命令是宋高宗赵构在位时就已经颁布下来的，但辛弃疾却觉得自己这样明显的主战意愿，应该足以引起宋孝宗的重视，进而得到职位上的调整。但辛弃疾等到年初，等到出任江阴的通知书传达到他手里时，这样的职位安排还是没有得到丝毫的更改，这让他的心一下子就悲凉了起来。

虽然，他心中有千万个不满意，但奈何皇命难为，而且还是辛弃疾归宋以来的第一个安排，他纵使有再多的不愿或抵抗，最终还是得踏上前往江阴的路途。从临安去往江阴路上的风景自有一番风味，但辛弃疾却因着内心的郁结，对这一路赏心悦目的风景置若罔闻。

行走在路途中的他，脑中挥之不去的是他自二十岁揭竿而起后的一切历程，那一年他将性命虔诚地交给了金戈铁马。此后的四年里，他曾眼睁睁地看着自己的兄弟在他身边缓缓地倒下，也曾在兄弟们的帮助下，死里逃生。这些生死相陪历历在目，以至于一度认为自己的一生都应属于热血豪迈的战场。

而如今，仅仅四年后，他就必须放下利剑，脱下盔甲，在隆兴元年将脚步挪向吴侬软语中，挪向那片烟雨笼罩的土地。江阴，一个位于江苏南部的小城镇，虽然在军事战略位置上拥有颇为重要的地位。但签判这个职位却跟这样的军事地位毫不相符，因为辛弃疾即将要掌管的是各种案件的文书移交等事务，带着某种纯粹文职的意味。而那个真正能够在军事政务上享有管理权的却是那个名为知军的长官，辛弃疾心中的颓丧可想而知。

所以，当步伐越来越逼近江阴时，辛弃疾越发惆怅起来，他不知命运何以将他推入如此窘迫的境地。二十四岁的流年，明明是人生至为张扬的年代，他却只在洋溢了几年的刹那光华后，坠入明显沉寂的前途，其中的无可奈何，其中的灰心丧气，辛弃疾无言诉说。这一刻，衬着江阴的小桥流水，雨巷烟袅，辛弃疾甚至怀疑是不是他起义军的身份，成为了他归宋后不能征战沙场的最大隔阂。

但真要让辛弃疾以消极的态度去对待签判应尽的责任时，心中的那份正气却又不允他那样做。无论如何，辛弃疾是不可能放下自己的义务，放下那一方人民对他的信任。所以，即使他满心颓丧，满怀哀怨，他依旧尽心尽职地处理官府事务，甚至还经常亲赴淮河沿岸，细致考察两淮对于整个江南的战略位置。

在他看来，现在的朝廷要想在南边占据绝对牢靠的地位，光是掌握长江的控制权是不够的，只有将阵线推向往北的两淮，才能让宋国的国防更加扎实。而这样的见解，在经过几年的调查后，他越发肯定起来。毕竟，“自古南北分离之际，盖未有无淮而能保江者”。辛弃疾将自己的这一番见解写成《论阻江为险须藉两淮疏》，呈献给宋孝宗。在文中，他不仅道明了两淮之于长江的重大意义，还具体分析了两淮中淮东、淮西、淮中不同的攻守形势，甚至用三国时期的实例来证明“淮东为首，淮西为尾，淮之中则其身”的言论。为了不让敌人有机可乘，辛弃疾建议朝廷应着重做好淮中的防御工作，一旦金国想要“击其身”，宋国就可以来个“首尾俱应”，前后夹击下必能让宋朝“立于不败之地”。

就在辛弃疾忙于查看宋国的防线，以保都城的安危时，这时的宋孝宗正忙于出战金国，想要将以前的屈辱都悉数还给他们。这似乎是一个极为振奋人心的消息，毕竟在宋高宗的领导下，那份低声下气已经让宋国的国民委屈太久了，太需要这样一番热血抛洒来雄壮人心了。

然而，这样的出发虽然有着神圣而光荣的名义，却缺少真正战争上的厚实力量。因为，宋孝宗将向来主战的张浚提为右仆射，却让一直主张求和的汤思退担任了左仆射，而由宋朝派出的两位大将——李显忠和邵宏渊也都是面和心不和，这无疑让宋孝宗眼中轰轰烈烈的抗金之战越加迷茫起来了。

事实上，战役的结果完全证实了宋朝这次出征的草率性。虽然，之前在李显忠的率领下，宋国曾一度打败由萧琦率领的金朝右翼军队，并相继收复灵璧、虹县等地。但这样的卓越战功，却致使邵宏渊更加怨恨起李显忠来，因为这样的军功并不属于邵宏渊。于是，他向朝廷奏请自己受人所制的辛苦，终于如愿以偿地获得了与李显忠同样的统领权。

而这恰恰成为了宋朝最终走向失败的关键，邵宏渊拥有兵权后，做的第一件事便是和李显忠各自为战，第二件事就是在金军大将纥石烈志宁率兵前来攻打符离时，不战而退。可当李显忠从另一路赶过来，最终凭着孤军作战的勇猛打退金兵的进攻时，邵宏渊却在李显忠邀请他出兵合力夹击金军时按兵不动。

倘若这样的不配合、公私不分还不至于将宋朝置于失败的境地，那么随后邵宏渊在军营中大肆宣扬盛夏之时，士兵难以披甲作战来削弱士气，以及建康的中军统制周宏同邵宏渊之子邵世雄等人率部逃走，就直接让宋朝没了任何翻身的机会。

随着这一系列可悲事情的发生，那些还仅存一丝希冀的部将们也离开符离，将这个城市拱手让给了金军。甚至就连睿智英勇的李显忠，也唯恐孤军奋战的力不从心，在金军攻打符离城的头天晚上，率部队走了。当然，他们的逃逸给了金军乘势追击最好的机会，宋军被追打得溃不成军，那些被斩于马下，被丢弃在淮河中的鲜活生命，就这样见证了符离的沦陷。

这场战争的失败无疑是屈辱而可笑的，但在辛弃疾看来，这场史称“符离之败”的惨烈战争至少明确地表明了宋朝想要收复失地的决心，所以他后来在一本军事著作中表达了自己对这件事的肯定，“惟是张浚符离之师粗有生气，虽胜不虑败，事非十全，然计其所丧，方诸既和之后，投闲蹂躏，由未若是之酷”[1]。

可当时朝廷的主和派却丝毫没有意识到这场战役的有利性，而是将这份惨败当作他们最洋洋得意的理由。以汤思退为代表的主和派，不仅全面否定了出兵征战金国的收获，而且还一直危言耸听地向宋孝宗暗示，此次要是不主动向金朝提出议和，那么金朝很有可能一怒之下直逼长江，直接威胁宋朝的都城。

也许是为了印证这些谗臣们的唯恐天下不乱，也或许金朝本就对宋国的大好河山念念不忘，无论真实的原因如何，反正“符离之败”不久，金军就真的举兵南下，直直逼到了长江附近。此时的宋孝宗再也没有犹豫的余地，只得顺了主和派的意愿，派使臣向金

[1]摘自辛弃疾《美芹十论》

国求和。这也意味着，宋孝宗即位以来的第一次雪耻尝试，就这样宣告失败了。由此而诞生的“隆兴和议”，虽然让南宋告别了向金称臣的地位，但所谓的叔侄关系却依然没有扭转宋朝低人一等的意味。况且，宋朝还将商州和金州都割给了金朝，这份不平等的条约在散发着浓烈屈辱味道的同时，也让身在江阴的辛弃疾扼腕叹息。

那些曾随着宋孝宗对金宣战而滋生出来的豪气，还没来得及升华成一种义薄云天的气概，便在中途被狠狠地击落下来。辛弃疾内心的苦涩，或许也只有他自己才能品尝。他的身子离战场太远，他的心又被签判任上的琐碎而分剥，辛弃疾知道自己倘若再不选择，再不决断出是继续留守在官场，还是潇洒地为自己的理想而奋斗，那么他就只能无所事事地了此残生。

02 | 少年痛饮，忆向吴江醒

“隆兴和议”成就了金宋两国又一次表面的安详，却在辛弃疾的内心深处掀起了滔天巨浪，直搅得他心绪不宁，寝食难安。失望如海底最顽强的海草，将辛弃疾团团围住，不留一丝缝隙，将他肺中的空气一点一点地逼迫出来，让他无法呼吸，他只能强压着因失望带来的不适感，极力挣扎在自己的岗位上。

可辛弃疾心里知道，失望是这世界上极为恐怖的事，因为它会让人无所依傍，无所凭据，最后只能让茫然无措掌管自己的余生。他当然不愿让这样的结局成为余后生涯的写照，所以，当“隆兴和议”的消息在宋国家喻户晓时，辛弃疾毅然决然地辞官了。

国家的前途未卜，他的壮志未酬，黎民百姓正处于水深火热的局面中，这一切的一切，都需要他远离官场污秽，重新进行思考。也许未来的路途并不比现在平顺多少，但“不为五斗米折腰”后的挺直身板，终是让辛弃疾更加自在。所以，此次辞官，并非意气用事的莽撞行为，而是辛弃疾对自己负责最平实的宣誓。

辛弃疾果断去职后，并没有急于寻求一份来自庙堂的眷顾，而是将自己放逐到了吴楚之地的清淡浅欢中。就像过去那个年少的自己，仅凭着一份单纯的勇气就能在进京考试的途中，施施然地“谛观形势”。只是这一次，辛弃疾将谛观的对象换成了自己的国家，自己兄弟姐妹的居所。

以前他观望的目的一直集中在如何能攻破金国的防线上，从金国京城严密的防卫中寻觅切入点。而这次，辛弃疾更希望通过对吴楚之地的实地查看和调查，知晓宋军可攻可守的据点，明白宋军需要戒严的点滴，然后才能在金国发动攻击时防守固若金汤，在反击时实现势如破竹。况且，吴楚之地风景多旖旎平缓，足以令辛弃疾烦躁、急迫的心绪平复下来，然后徐徐绘成一幅胸有成竹、一鸣惊人的鸿鹄高飞图出来。

辛弃疾凭着心怀天下的寄托踏上了他将近三年的漫游生活，生活也许不尽如意，但还好生活总是不吝啬给予惊喜。也因着这样的惊喜，辛弃疾的词赋随着心情的闲适有了乡村田园的惬意。

茅檐低小，溪上青青草。醉里吴音相媚好，白发谁家翁媪?

大儿锄豆溪东，中儿正织鸡笼;最喜小儿无赖，溪头卧剥莲蓬。[1]

门檐低低的茅草房旁，一条浅浅的小溪徐徐地流过，惹得两岸

[1]摘自辛弃疾《清平乐·村居》

一簇簇的小草也都有了鲜翠欲滴的姿态。景色如此悠然自得，甚至将坐在茅屋旁的两个白发老人熏染得都有了微醉的神态，连带着从他们口中缓缓流淌出来的吴音，也有了那般美好的联想。

放眼远望，在小溪的东边，大儿子正扛着锄头在地里辛勤地种着豆苗，二儿子也在一丝不苟地忙着编织鸡笼。如此看来，只有小儿子最顽皮也最有趣了，他居然躺在溪水边嬉戏般地摘着莲蓬。

独属于乡村生活的恣意，让辛弃疾觉得，那是生活在最底层的万千人们关于幸福最简单的诠释。他们或许并不知道民族危患、社稷动摇已然到了迫在眉睫的地步，甚至他们连处在这个国家最高位的人是谁都不在乎。他们只是单纯地享受着生活的美好，或陶醉在日光融融的照耀中，或为着子孙满堂的天伦之乐而怡然自得。而这些，辛弃疾不能说自己以前从未看到过，但他不得不承认，他从未像现在这样，如此静下心来倾听过、理解过。

也只有如此细致地聆听过了，辛弃疾才能打心里为他们的欢喜而欢喜，而不是让焦虑布满心中的每一个角落，叫嚣着国不成国的悲愤。他也更坚定，属于这个国家的危机四伏，不能理所应当地让这些朴实的人们来承受。所以，此后的旅程中，辛弃疾有意选择行走在如此平淡而寂寥的路上，思考和回味这个世界带给自己的震撼，以及自己可以回馈给这个世界，特别是这个国家的可能。也许，关于拯救国家这个话题，以他现在的这个处境来说，有点过于牵强，但辛弃疾却从未放弃，甚至连这个想法也从未舍弃。

当辛弃疾的身影驻留在吴淞江时，望着吴淞江水奔流而过的豪迈，配合着皎洁月光下的桂花飘落，那美景，似乎没有理由被遗忘。

少年痛饮，忆向吴江醒。明月团团高树影，十里水沉烟冷。

大都一点宫黄，人间直恁芬芳。怕是秋天风露，染教世界都香。[1]

多年后，辛弃疾一直记得自己当时开怀痛饮的豪迈，甚至在醒来后才发现自己已然处在吴淞江边上时的兴奋。兴许那时已有醉意，却无关美酒的浓度，只因着那晚的景色太过醉人，于是不知不觉便沉迷其中，忘了今夕何夕。还记得，那一轮明月高挂，那一树桂花飘香，月光斜斜地穿过木樨的身影，投照在十里江水上。于是，那一河的柔波带着月光的清冷，散发出馥郁芬芳的沉烟来。

那时候，才知道这些像极了宫女额上宫黄颜色的桂花。或许在她们眼中，这些不过是额前一份娇态的绽放，可在人间，它们施展开来的星星点点颜色，一旦荡漾开它们与生俱来的芬香，就能感染整个尘世。或许，它们只是想凭着这秋日的风露，吹拂散播，就能自然而然地让这个世界都染上这份浓郁的芬芳。

辛弃疾孤身一人漫游的日子，洒脱与寂寥参半。所以，如若能在途中遇到一两个志趣相投的知己，那些由此而衍生开来的热血与洒脱，对于消除由每一段单独行走所产生的孤寂来说，无疑是辛弃疾最求之不得的邂逅。

[1]摘自辛弃疾《清平乐·忆吴江赏木樨》

所以，当辛弃疾的脚步掠过吴淞江滔滔的江水，于扬州成功靠岸时，与夏中玉的相见，便自然而然地成为了一份难以言说的欢喜。他们相约在西楼处，登高望远，秋风凛冽加上楼高不胜寒的冷风阵阵，让悲寥油然而生的同时，也让“海内存知己，天涯若比邻”成为彼此最真挚的安慰。

他们的相聚总是深刻而短暂。他们各自的路程早已铺开，相见已是不易，哪有可能久聚。所以，他们只能让彼此不便轻易显露的情绪，通过诗词的迂回，成为彼此最久远的记忆和怀念。

与君欲赴西楼约，西楼风急征衫薄。且莫上兰舟，怕人清泪流。临风横玉管，声散江天满。一夜旅中愁，蛩吟不忍休。[1]

请君莫要急着赶赴兰舟出发，我只是怕这西楼的飒飒风声，和着这临风而立的玉管声，要吹落眼角的清泪，留一片伤悲散落满江的旅愁。

日子随着秋叶的飘落和枯萎，也都渐渐有了冷涩的痕迹，南方的冬天鲜有白雪的弥漫，却依旧能让寒风带着瘆人的味道，直直地浸入人们本就不怎么暖和的心。当辛弃疾别去夏中玉，陆陆续续在漫游的路上听说了各地农民起义的爆发后，心中又不由得纠成了一块。前些日子，那些曾给了他最闲适的农村生活，还没来得及慰藉辛弃疾失落的心怀，却要在如此残酷的现实面前，败下阵来。

[1]摘自辛弃疾《菩萨蛮·和夏中玉》

虽然，这些在各地站起来的起义军，都被不同程度地镇压了。辛弃疾知道自己完全没有资格去评论这样的结果是合乎大义的，还是有违天理的。毕竟，他也曾是这茫茫起义军中的一员，虽然他们抗击的对象不同，但辛弃疾知道，要不是被逼到绝路，也不会有人愿意冒着生命的危险和朝廷对立。但辛弃疾也实在不愿意看到，自己心心念念的祖国，自己不顾坎坷颠簸、誓要归顺的国家，竟陷入这样一个民心不稳的局面。

可就算辛弃疾知晓这其中所有的失望与颓败，他却只能凭着无奈与相信，继续行走在报效宋国的路程上。所以，辛弃疾只能更加费尽心思地去思考如何提升宋国的战斗力，怎样在与金国的战斗中获得防御的优势，以及怎样在进攻中获得先机。辛弃疾想将这样的所想所得集成一册，以便对宋国的军事提出一个系统有效地建议。他甚至连名字都想好了，既然这是一本献给圣上的策略，就以“美芹”所代表的美好寓意，表达自己的诚意与殷切的期盼。

有了这个具体的想法后，辛弃疾在随后的旅程中也就有了刻意的选择。他甚至在与好友的唱和中，也道出了自己想要“平戎破虏”的梦想。

论心论相，便择术满眼，纷纷何物。踏碎铁鞋三百纟两，不在危峰绝壁。龙友相逢，_樽缓举，议论敲冰雪。何妨人道，圣时同见三杰。

自是不日同舟，平戎破虏，岂由言轻发。任使穷通相鼓弄，恐是真金难灭。寄食王孙，丧家公子，谁握周公发。冰蟾皎皎，照人不下霜月。[1]

他当然知晓自己此时的处境有多窘迫，“寄食王孙”所体现出来的生活拮据，让他在迈步向前时，不得不将某些实际的需要纳入思虑和考量中。辛弃疾甚至在某个瞬间会突然觉得，自己身上弥漫着一股浓郁的丧家犬的味道。但大多数时候，辛弃疾感觉自己内心充盈着的，还是那样一股浩然天地的豪迈之气，指引着他执着的坚持。

辛弃疾从来都不是一个轻言放弃的人。也许，从他带着兄弟们千辛万苦踏上投奔宋国的那一天起，他就没再想过后悔二字。所以，不管路途充满着多少困苦流离，他的脚步照旧，脑中构建的“美芹”也在继续。

吴楚之地所涵盖的范围之于整个王朝来说，其实并不是多么宽阔。但这并不怎么宽广的地域，却令辛弃疾用了几年的时间考察。有时候，他会连续几天都沿着山间的脉络，只为寻找那些可以布置队伍的契合点；有时候，景色和阳光太过迷人，也会抛下手中的笔和心中的杂绪，静静地享受一个陌生之地带给他的温暖；有时候，他也会在旅途不经意的安排下，遇见朋友两三，于是，开怀痛饮，秉烛夜谈。

这样的日子不能单纯地说有多艰苦或是随性。当辛弃疾越往远处走时，他越感觉到，也许当初踏上吴楚的漫游之旅，有一丝不得

[1]摘自辛弃疾《念奴娇·三人同饮，借赤壁韵》

不的原因，毕竟，那时的他连三年的任期都还没待满便离职了。想着既然无路可走，至少可以趁着漫游散散心。可是，当他行走了一段时间后，就越发觉得，原来，生命中的真谛，只有在一步步的脚踏实地中才能深刻地体会到。

03 │ 建康，繁华易逝

关于建康，这个由六朝古都拼凑起来的城市，这个有着咿呀婉转腔调的秦淮河畔，总是散发出太过浓重的历史意味，让人不由自主地被其中的底蕴给吸引，继而慢慢地沉沦。置身于这个城市的人们，总是在最不经意间，抛掉自身的轻浮和毛躁，让内心的跳动，也都染上安静的节拍。

而这样一个满载历史味道的城市，对辛弃疾而言，除却曾从“烟笼寒水月笼沙，夜泊秦淮近酒家。商女不知亡国恨，隔江犹唱后庭花”[1]中知晓这个城市的柔情与靡丽外，他自己对这个地方的亲身体会，便要追溯到当年他归顺宋朝时，宋高宗对他的接见了。

命运充满巧合与讽刺，它将人们的一生提在手里，随意逗弄，给你惊喜，却又在原地送上打击，让你除了无奈的苦笑外，便无其

[1]摘自杜牧《泊秦淮》

他。所以，当辛弃疾结束自己将近三年的漫游，他没想到，容纳他的居然又是建康。这是一个曾给予他无限骄傲的地方，从踏进城门的那一刻起，辛弃疾就忍不住去回忆那些由点滴积累出来的快意。

那一年，他二十三岁。那时的他踏上祖国土地，满心的热血奔腾，满心的激动满怀。近距离瞻仰圣容的荣耀激荡，似乎都还历历在目。那时，满心欢喜的他以为从此便是一辈子的戎马生涯，斩杀沙场。哪曾想到，由此开启的命途，竟是一场文墨官途和一场吴楚漫游构成的平淡与平庸。

而这一年，他二十八岁，终于可以用双脚再次感受这块土地的呼吸，可以狠狠地呼出堵在心里的那一股郁结之气。也许，五年的间隔，构不上地老天荒的别离，但辛弃疾却十分清楚，一切都已物是人非。他已然不是那个带领一队轻骑，凭着心中的怒气和勇气就能渡江捉贼的承务郎，也不再是那个曾在军中拥有无限支持和崇拜的掌书记了。

他只能带着这几年走遍吴楚的所看所想、所思所得，默默地回到建康。然后，站在赏心亭中，望山外风景，看脚下风采，让心中怀才不遇的惆怅，通过眼界的宽阔，缓缓沉淀。

楚天千里清秋，水随天去秋无际。遥岑远目，献愁供恨，玉簪螺髻。落日楼头，断鸿声里，江南游子。把吴钩看了，栏干拍遍，无人会，登临意。

休说鲈鱼堪脍，尽西风、季鹰归未？求田问舍，怕应羞见，刘郎才气。可惜流年，忧愁风雨，树犹如此！倩何人唤取，红巾翠袖，揾英雄泪！[1]

从亭中极目远望出去的景色，因着这秋色的凄冷和萧瑟，也都染上了酸楚的味道。脚下悠长的河流朝着天际缓缓流去，让这千里清秋看起来更加延绵。落入辛弃疾眼中那连绵而去的山脉，犹如女子头上的玉簪和螺髻，青黛秀美。

这般模样掀起了辛弃疾关于河山的无限恋惜，也令辛弃疾心中关于“国破山河在”的忧愁更加明显。他不想如此壮美的山河成为国土沦陷的牺牲品，不想让本该生出赏心悦目的山清水秀沾上硝烟的味道。

可站在高处的他，站在远处的他，却只能远望，托情于物，让这漫天的秋色成为自己抒发愤恨的最佳渠道。夕阳西下，晚霞的余晖斜斜地洒在赏心亭的楼上，让本就不怎么明亮的楼阁平添出一份落寞来。恰逢这时，高空中掉队的大雁又发出一阵阵凄惨的悲鸣，大雁南飞的候鸟情结，瞬间捕获了辛弃疾这颗多愁的心。

辛弃疾自认不是一个多愁善感的人，可此时此刻的景色，连同现在的处境，却让他不得不生出飘离之感。远离家乡，来到江南已有几个年头了，可漂泊的状态却没有改变。“浮云游子意，落日故人情。”他如无根浮萍，漫游他乡，无友人作伴，无情人相随，只为了心中那份坚实的梦想。可是，这份梦想，又有谁懂得，又有谁理会？

[1]摘自辛弃疾《水龙吟·登建康赏心亭》

前人曾说，张季鹰为了鲈鱼的美味，甚至可以抛下那“五斗米”的诱惑，辞官回家。可如今，鲈鱼的香味已经弥漫天际了，就连西风也吹遍整个吴中了，却没人知晓季鹰是否回来了。

当这些所谓的传说与轶事，随着逝去的年华而消失在记忆之中时，辛弃疾却开始担心这个飘摇动荡的国家，会不会也随着流水般的时间消弭在人们的视线中。也许，会真的印证桓温当年对柳树那一番“木犹如此，人何以堪”的感叹一样，关于物是人非的念想便再也不能舍弃了。而倘若一切成真，又有谁能将那些披红戴绿的歌女请出来，请她们用手中的绣帕来擦掉他不甘心、无奈何的英雄泪呢？

抒发完这一番壮志未酬、报国无门的情绪后，辛弃疾知道自己应该，而且必须开始所谓的“走动”历程。倘若他只是一味地怨天尤人，将忧思与愤懑当作他报效国家的途径，那这世上也不过再多一个酸楚的文人罢了。

这不是辛弃疾想要的未来，所以他必须积极行走于各大宴会与集会中，让活动在官场的文人雅士都知晓他的回归。而几个当地比较显赫的家族，一些手握大权的高官，都需要一一前去拜访。辛弃疾这样做不是为了行贿，而是为了在他们面前混个脸熟，然后让自己的基本思想得到他们的认同。

这种目的性、形式性极强的活动劳心又劳力，可又不能半途而废，辛弃疾一度认为这样的状态会维持上一段时间，幸好这次等待，收获的不是失望。连年伊始，辛弃疾终于迎来了人生又一次施展抱负的机会。这一年，他被任命为建康府的通判。虽还是带着些许的文职色彩，但至少有了施展抱负的机会。也正是这个职位的任命，让辛弃疾结识了史致道、叶衡等志同道合的友人。

不过，在通判这个职位待上一阵子后，辛弃疾就发现自己除了每日周旋在各个官僚之间外，剩下的时间都用来处理各种杂碎之事了。这样的平淡无奇，让本抱着壮志雄心的辛弃疾顿生无所事事之感。他知道自从“隆兴和议”签订以来，金国便忙着休养生息，忙着恢复他们内部经济，而宋国这边也在宋孝宗的统治下，一改之前宋朝腐败奢侈的形象，积极地朝着国泰民安前进。

这种带着国富民强意味的改善，对于处在这片广袤大地上的百姓来说，无疑是这世上最美好的事。而辛弃疾之所以将这样的安定看成是平淡无味，就在于他信奉“先天下之忧而忧，后天下之乐而乐”的信条。他深知，现在的金国之所以如此安分地守着“隆兴和议”行事，甚至在边界线上与宋国互通有无，积极开展起边境贸易。一方面是因为这项协议，金国本就占尽了优势，他们不可能放着好处不占，而选择背信弃义；另一方面，则是因为之前完颜亮贸然南侵消耗了金国太多的物力、财力和人力，他们不得不休养生息，养精蓄锐，以此来恢复国内正常的生产和生活。

而这养精蓄锐后的蓄势待发才是辛弃疾真正担心的地方，毕竟，照着金国现今的势头发展下去，就算宋国依旧保持着如今这个进步脚步，但金国向来注重军事、军部方面的锤炼，与宋国重文轻武有着本质上的区别。到那时，宋国又拿什么与金国一决高下，拿什么去收复宋国那片大好的河山？

这样的忧思，日日萦绕于辛弃疾的心头眉间，如影随形。尤其是遇上志同道合的朋友，辛弃疾更是直直地将这份忧国忧民的赤子之心，坦然地展露于友人面前。所以，当史致道相约一聚，辛弃疾在席上又怎能忍住内心深处关于英雄马上的希冀。

鹏翼垂空，笑人世，苍然无物。又还向、九重深处，玉阶山立。袖里珍奇光五色，他年要补天西北。且归来，谈笑护长江，波澄碧。

佳丽地，文章伯。《金缕》唱，红牙拍。看尊前飞下，日边消息。料想宝香黄阁梦，依然画舫青溪笛。待如今、端的约钟山，长相识。[1]

在这首词里，辛弃疾极尽赞颂之能，堆砌无数溢美之辞，表达对史致道的赞美与认同。上阕中，辛弃疾欲扬先抑，言大鹏展翅遮蔽了整个天空，它只能俯视人间，可叹这茫茫人世，竟无一个称得上英雄的人物。大鹏只得调转目光，望向朝廷深处，惊见史致道正以挺拔的身姿立在汉白玉堆砌出来的巍峨上，他袖子里那些五光十色的宝石光芒万丈，终有一日是要用来修补遗留在西北的漏缺的。而如今，还是先回到建康府，回到长江边上，用“谈笑间，樯橹灰飞烟灭”的恣意换来长江险情最夯实的守护，让这一条长江水就这样安静地流淌着，流淌出沿岸百姓期待的那般碧波徜徉。

下阙里，辛弃疾又开始夸耀史致道舞文弄墨的功力，甚至开始幻想来自朝廷的诏书发出恳切的邀请，邀请史致道担任丞相一职。

[1]摘自辛弃疾《满江红·建康史帅致道席上赋》

幸好青溪上的笛声将他们都唤回了现实，他们依然还处在游船之上，摇曳在不可知的未来中。所以，还不如干脆与钟山来个约定，约定好成为彼此不可多得的好友。

可就是这样一篇充满赞美与调侃的贺词，却散发出阵阵落寞的气息来。词中的史致道既有“鹏翼垂空”的狂气，也有“苍然无物”的傲气，而事实上，史致道也曾凭着《恢复要览》上书宋高宗，满怀壮志地述说着自己想要对抗金人，恢复宋国大地的决心与信心。然而，如此将才的史致道，最后只能固守在建康，在游玩与微醺中，幻想着自己那遥不可及的沙场梦。

史致道如此，他辛弃疾又何尝不是如此。史致道好歹还掌有节制兵马、管理兵器等与军务有关的实权，可他辛弃疾却只能对这样的鞍马骑行望洋兴叹。幸而，他还未完全失望，就算时势还暂时容不下沙场战马的奔波，但他至少还拥有青春的支撑，还拥有理想的指引。

“天下大势，分久必合，合久必分”。辛弃疾始终相信，在他有生之年，终有一天，终有一方会忍不住号令天下的诱惑，显现出战争的态势。到那时，能不能一鸣惊人，就得看他一直以来的准备了，想要担当起厚积薄发的重任，绝不是靠着一蹴而就便能完成的。所以，他的“美芹”不能因着世人的遗忘，圣上的轻视而止步不前，他会一个人默默地咬紧牙关坚持下去，他不会让这样的艰苦熬过了最冷落的阶段，在将要结出果实时，戛然而止呢？

04 | 那人却在灯火阑珊处

国家兴衰，匹夫有责，这些每次都带着“天下”二字出现的事件，总能让辛弃疾毫不犹豫地贡献出激昂和澎湃来。而那些带着浓厚个人色彩的大事，却没能幸运地成为他人生的主题。当那些花前月下、人约黄昏后带着十足的旖旎浪漫，成为无数文人骚客、痴男怨女的信条时，辛弃疾却将这些夹杂在山盟海誓中的蜜语甜言，狠狠地抛在脑后。唯有在惹人情思缠绵的七夕夜，方能带出辛弃疾那点点柔情。

叹飘零。离多会少堪惊。又争如、天人有信，不同浮世难凭。占秋初、桂花散采，向夜久、银汉无声。凤驾催云，红帷卷月，泠泠一水会双星。素杼冷，临风休织，深诉隔年诚。飞光浅，青童语款，丹鹊桥平。

看人间、争求新巧，纷纷女伴欢迎。避灯时、彩丝未整，拜月处、蛛网先成。谁念临州，萧条官舍，烛摇秋扇坐中庭。笑此夕、金钗无据，遗恨满蓬瀛。敧高枕，梧桐听雨，如是天明。[1]

七夕的凉夜带着丝丝桂花的芬芳齐齐袭来，对于牛郎和织女的苦恋，辛弃疾却觉得这样的相思终究还是幸福的。毕竟他们还有信念做支撑，好过浮世的飘零总是带着聚少离多的苦楚，没有凭据。这世上的男男女女即使分割两地，似乎也好过他这个形影相吊的人。望着屋前屋后随风招摇的蜘蛛网，以及自己官舍的萧条，辛弃疾也只能苦涩地弯弯嘴角，孤单地枕着高枕，听着梧桐叶下点滴的秋雨声，渐渐到天明。

不知是辛弃疾心中早有缱绻，还是命定的缘分不忍辛弃疾再这样孤独下去，终于在而立之年，辛弃疾迎娶了他的美娇娘，获得了独属于他的幸福。对象是范邦彦的女儿、范如山的妹妹——范如兰。辛弃疾与范如兰喜结连理，除却他们二人郎有情，妾有意外，还在于范氏一家在行走历程和志向投奔上都与辛弃疾有着极为相似的默契。

想当年，范氏家族遭遇“靖康之耻”，家乡邢州被迫沦为金国的统治之地，他们只能委屈地生活在金国的统治下。后来，范邦彦谋得蔡州新息县县令一职，便举家迁移到此，而这个居于淮河北岸的县城，也为后来范家的归顺做好了充足的准备。绍兴三十一年，完颜亮被部将斩杀于军营中，范邦彦马上把握住了这个难得的机

[1]摘自辛弃疾《绿头鸭·七夕》

会，趁着金军无力补救的契机，率众大开蔡州城门，将宋军齐齐迎进了蔡州城内，而蔡州就这样不费一兵一卒收复了。有了如此明显的报国举动后，范氏又举家迁徙到了淮河南岸的京口。

这些经历简直就是辛氏一家一路走来的翻版，只是辛赞没能在有生之年踏过淮河的阻隔，将遗憾徒留于世。幸而，辛弃疾没有辜负他的期盼，终于在淮河南岸的土地上刻上了他们辛家的名号。而且，京口离建康很近，辛弃疾又喜广交好友，自然对范家的英雄事迹有所耳闻，继而生出赏识来。范邦彦和范如山对于辛弃疾的骁勇和民族气节也略知一二，所以之于他们的相谈甚欢，便是理所当然的事了。

而长期待在闺阁中的范如兰，就算再怎样“大门不出，二门不迈”，对于萦绕在范家周围那股高尚的民族气概，也是知晓一二的。再加上范家对于范如兰的教育并没因着“女子无才便是德”的清规戒律而让范如兰目不识丁，反而让她随着文字的婉转，有了知书达理的秀外慧中。所以，辛弃疾来往于范家的拜访自然也就有了越来越频繁的趋势，范如兰对于辛弃疾的男儿气概、英雄气质也是十分倾心。于此，男女双方的甜情蜜意，以及家长的极力撮合，便让这样一场天作之合的联姻成为命定的缘分。

妻子的贤惠和温婉让辛弃疾欣慰于自己“起向绿窗高处看，题遍，刘伶元自有贤妻”[1]的幸运，所以，这样一份完全算得上美满的婚姻，也成为辛弃疾三十岁而立之年的一份贺礼了。

[1]摘自辛弃疾《定风波・昨夜山公倒载归》

不过，三十而立的责任，衍生出来的又岂是简单的成家立业四字。人到了这个阶段，就应该依靠自己的能力，创造自己想要的未来，承担自己应该担当的责任。更重要的是，此时的辛弃疾，对于未来，对于目标，已经有了胸有成竹的信心，有着大刀阔斧的决心，更应该有着目光如炬的坚定。

对于辛弃疾而言，他的未来，他的目标，从他有记忆以来，就从未变过。他的谛观时势，聚众起义，率部归顺，甚至是他这些年一个人的辛酸委屈，一直都是为了恢复国家统一，抗击金国侵略。现如今，成家这份责任也好，甜蜜的负担也罢，他果断地扛起，履行了三十岁带给他的期盼。而剩下的，当然就是理想与现实结合下的未来了，他想为他的祖国付出他的智慧和身躯，更想为他的同胞而鞠躬尽瘁。

所以这一年，他向孝宗进献了凝结了多年心血的《美芹十论》，同时进献的还有《九议》，以及《应问》三篇。彼时，曾凭着采石大捷而扬名的虞允文正当权，朝廷中散发出来的气息有着浓厚的主战味道，辛弃疾自然不会放过这样一个难得机会，连忙将自己这些年来对南北战事的看法、形势的变幻、敌我地形上的优劣，以及守南收北的策略都献给了朝廷，以期能将这些策略推向战场，推到统一大业的胜利上。

辛弃疾这三部呕心沥血之作，不仅向世人展现了他超然的文采和缜密的思维，而且也让后人在阅读完这几部作品后，对他的军事才能、对他的忠肝义胆发出由衷的佩服。其中，《美芹十论》受到的赞誉最大，后人甚至将《美芹十论》当成了辛弃疾的代名词。

《美芹十论》除却序言，一共分为十论，列为“审势第一，察情第二，观衅第三，自治第四，守淮第五，屯田第六，致勇第七，防微第八，久任第九，详战第十”。辛弃疾先是在序言中讲述了自己的一些经历，然后重点分析了这些年宋金的战与和，最后慎重地阐述了宋国此时发战的优势。

按照辛弃疾在序言中说的那样，前三篇是说“虏人之弊”，也就是金国暴露出来的弱点。在辛弃疾看来，只有审清时势，观察好敌情，再明晓其变化，才能做到“敌人之虚实吾既详之矣”。后七篇则皆“言朝廷之所当行”，也就是朝廷在知晓了金国的弱处后，就可以按照他已经排好顺序的七篇建议一一施行了。

辛弃疾将审势排在第一，是认清只有将审时度势发挥到极致，才不至于“沮于形、眩于势”。在他眼中，形是指小和大，而势则指虚和实，土地、财富、兵马的多少都是来自形之上的得失，而不是出自势。虽然这些东西能在示威上起到哄和唬的作用，但对于获胜却没有实在的含义。所以，金国“虽有嵌岩可畏之形”，可却“无矢石必可用之势”。为了印证自己的结论，辛弃疾还从地势、资财、技能都方面进行逐个分析，指出他们现在所拥有的皆是虚妄上的大，并不能保持长久。所以，宋国大可不必因畏惧他们现在强大的国力而打消收复失地，统一祖国的想法。

接着，辛弃疾在察情一篇中大肆渲染认清敌情的重要性。也就是说，宋国的军队应该凭着自己的眼睛仔细观察，才不会因着敌军的虚张声势而退避三舍，也不会因着他们的诱敌深入而贸然进攻，一切都应“权然后知轻重，度而后知长短”。只有“知敌之情而为之处者”，方能“绰绰乎其有余矣”[1]。而在接下来的观衅一篇中，辛弃疾则把民心放在了台面上，说金国的“失道寡助”，中原沦陷百姓的屡屡起义，这一切都预兆着金国的民心溃散。辛弃疾甚至感叹，“中原离合之衅已开，虏人不动则已，诚动焉，是特为陛下驱民而已。惟静以待之，彼不亡何待”[2]！

辛弃疾在文章最开始的三篇中，不停地向宋孝宗证明出兵的可行性，以及金国虚胖表面下孱弱的根基。对于抗金，在他看来，似乎有着轻而易举的可能性。既然金国暴露出如此多的缺漏，那么凭着宋国的齐心协力和坚忍不拔，再配合用上针对这些弱点的攻击方法，定能达到战无不胜、攻无不克的效果。

所以，在接下来的七篇中，辛弃疾先是在自治篇中指出所谓“南北有定势，吴楚之脆弱不足以争衡于中原”之言的荒唐性，鼓励孝宗应以“光复旧物而自期，不以六朝之势而自卑，精心强力”，并着重讲述了自治之策施行的两大支撑，“一曰：绝岁币，二曰：都金陵”。

然后，辛弃疾就将施行策略的步骤正式导向了具体的操作。守淮自然就是要做好充分的准备，将淮河的防线布置得严严密密，如此，长江才不会犯险，而临江而立的都城才不会遭遇兵临城下的窘境。而屯田则是在强调“用兵制胜以粮为先，转饷给军以通为利”

[1]摘自辛弃疾《美芹十论·察情》

[2]摘自辛弃疾《美芹十论·观衅》

的真理，而“欲使粮足而饷无间绝之忧，惟屯田为善”。所以，辛弃疾建议国家应该对屯田有绝对的重视，而这样的重视不能只停留在条令的颁布上，更重要的是要将条令的施行监管得更加严厉和认真，这样才不会致使百姓上缴的粮食成为贪官的囊中之物。

最后，辛弃疾从加强将士作战能力的角度，提出了“致勇”，提醒将士们无论是出征沙场，还是坚守御城都应具备绝对的勇气和勇敢。从宋国内部的角度，提出防微杜渐的道理，希望皇上在做到“虑敌深”的同时，也要做到“防患密”。从不以一时之成败论英雄的角度，希望孝宗能对主战派的人（例如张浚）予以长期的信任，而不是因着某一次进攻的失败，便将整个政策全盘否定，毕竟“人诚能也，任之不专则不可以有成”。从宋国必取之地的角度，提出山东对于夺取整个中原，乃至统一全国的重要性。而详战，则是“详其所战之地也”。

对于自己进献上去的这些敌情阐述和抗敌计策，辛弃疾觉得自己完全对得起隐藏在殚精竭虑四个字后面的艰辛和劳苦。他的真心诚意，他的辛酸艰苦，说到底，似乎也只是为了这个国家，为了生活在这一片土地上的百姓，以及为那些被搁浅在沦陷区的兄弟姐妹们。他希望圣上能读懂金国表面谈和下的狼子野心，也同样希冀着圣上能读懂他这颗全心为国的赤子之心，他要的从来都不多，不过是一个披上盔甲，拿起吴钩，奋勇杀敌的机会而已。

只是，长路漫漫，这样的期许，实现的概率又有多大？

05 | 滁州，还你一方乐土

当辛弃疾以最虔诚的姿态将《美芹十论》进献上去时，那份想要被重用的期待，毋庸置疑是深切和急迫的。三十岁的年纪，离老去还有些许时光，但他却有点迫不及待了。他不是怕这时光会给他意外的打击，而是怕这漫长的时光会给他送来莫名的旦夕祸福，会让他来不及将最美好的年华献给这个国家，献给这个宋国的百姓，更怕他的那些计策谋略还没来得及实施，便失了拯救沦陷区百姓于水深火热的机会。

在等待的时间里，辛弃疾忐忑不安，内心如波浪翻卷，动荡不安。直到第二年，宣辛弃疾入殿面圣的圣旨清清楚楚地落入辛弃疾手中时，这种夹杂着一丝不安和一丝憧憬的心情终于划上休止符。这样的召见在辛弃疾看来，似乎带着某种明亮的暗示，让他不由得生出澎湃激情来。因而，在正式面圣前，他将自己在江阴任职时对淮河守御的见解整理后，写成《论阻江为险须藉两淮疏》一文，随着《议练民兵以守淮疏》一起进献上去。

当面完圣回到建康后，情形并没有发生多少改变，辛弃疾发现自己除了等待还是等待。但最终等到的不是自己心心念念的调遣任用书，而是好友史致道遭贬谪的消息。辛弃疾想起之前自己还为着史致道的帅才而赋词一首，希冀着自己终有一日，会如史致道一样，获得掌管兵马的机会。如今却只能再次登上赏心亭，对着他渐行渐远的背影致上另一份祝福，就像为着自己不可知的未来，送上最美好的祝福一样。

我来吊古，上危楼，赢得闲愁千斛。虎踞龙蟠何处是？只有兴亡满目。柳外斜阳，水边归鸟，陇上吹乔木。片帆西去，一声谁喷霜竹？

却忆安石风流，东山岁晚，泪落哀筝曲。儿辈功名都付与，长日惟消棋局。宝镜难寻，碧云将暮，谁劝杯中绿？江头风怒，朝来波浪翻屋。[1]

史致道被贬，在辛弃疾看来多少有点“莫须有”的味道，虽然，史致道在任上虽没有干出什么惊天动地的大事，但也绝对没有违背朝廷的意愿，做出伤天害理的无耻之事来。所以，这次莫名其妙的贬谪，还是让辛弃疾失落了好一阵子。

直到朝廷传来消息说，由于陈俊卿的罢职，朝廷的左仆射就此

[1]摘自辛弃疾《念奴娇·登建康赏心亭，呈史留守致道》

空了出来，而时任右仆射的虞允文，便理所当然地成了独相。这样的结果，对于辛弃疾来说，无疑是最近一段时间最好的消息了，辛弃疾甚至觉得自己的策略被采纳只是时间的问题。加之虞允文独相不久，朝廷便应了民众的呼吁，在鄂州为逝去的英雄岳飞建造了岳飞祠，并为岳飞庙赐予“忠烈”的称号。

主战人士的上位，战争英雄的正名，一个又一个的好消息带着惊喜的色彩，就像定心丸一样，消弭了因史致道被贬谪而带来的悲愤，并为辛弃疾筑就了满满的信心。他分明听到了战争的号角在不远处悄悄吹响了，看到了一身戎装的他在阳光下，反射出叱咤的耀眼光芒来。

但没想到的是，那股光芒绽放出来的信心满满，却终究又只是虚妄一场。这时，时间已经来到了乾道七年，三十二岁的辛弃疾从建康府的通判迁为司农寺主簿。这个与农业、粮食有着莫大关系的职位，虽与国家的命运息息相关，却不是辛弃疾心中的归属。对外，他既不能上阵杀敌以强宋国之躯；对内，又不能造福一方百姓。这样的报国无门，终让满心失望的他明白自己的努力又付之东流了。

对于这样的调遣，辛弃疾无能无力，也无可奈何。其实，调遣的消息，辛弃疾早在去年年末就已经知晓了，迟迟不肯动身的他，还是盼着有些许的转机。最后，他也只能拾掇拾掇，带着妻子前往都城临安任职。

初来乍到，有太多的不熟悉、不习惯，当然也就有着太多的不如意、不认同。一转眼便来到元夕佳节。浓厚的节日氛围，引发了辛弃疾心中的那股怅惘，也给了他明目张胆抒发的机会。

东风夜放花千树，更吹落，星如雨。宝马雕车香满路，凤箫声动，玉壶光转，一夜鱼龙舞。

蛾儿雪柳黄金缕，笑语盈盈暗香去。众里寻他千百度，蓦然回首，那人却在、灯火阑珊处。[1]

一夜东风吹过，那些垂吊在各家各户屋檐下的花灯，绽放在沿街沿巷树木上的灯火，便顺着如此风势的摇摆，摇出了万家灯火、火树银花的不眠夜。就连那盛放在天穹之上的烟花，也都禁不住东风的引诱，纷纷坠落下来，将这月夜点缀成了星雨阵阵。为着这如此醉人的良辰美景，游人们也都乘着宝马香车，纷纷踏至而来。藏在马车上的熏香，受了凤箫优美曲声的挑逗，也从车的缝隙中钻了出来，陪着这漫天的月光皎洁，一起看鱼龙花灯缠绵飞舞于天际。

额上贴着蛾儿，头上戴着雪柳，身上穿着黄金缕的美人们，就这样与他擦肩而过，身后是她们娇笑连连的欢语声，身前却是她们遗留下的暗香阵阵。如斯繁华的尘世，如斯欢乐的万众，为何他心底却有不安与悲伤在反复叫嚣呢。他总觉得自己与弥漫在这里的欢庆气氛格格不入，有一点不知所措，又有一点排斥和不满。

但他又觉得有种冥冥的注定，在这悲哀与欢乐中荡漾。一直牵扯着他不断地寻寻觅觅，寻找着那颗与他同样忧国忧民的心，寻找

[1]摘自辛弃疾《青玉案·元夕》

着那份同他一样牵挂失地的感觉。当他终于疲惫于这项孤独的游戏时，却在转身的一瞬间，看见灯火零落的角落里，有他期望的那个灵魂与他的影子相伴。

其实，对于官场的规则，特别是皇城底下那些有关做官的种种，辛弃疾不是没有耳闻或是某种“觉悟”。只是，临都官场中充斥的腐败与颓废气息，让心有期待的辛弃疾始终不愿沉沦其中。所以，当元宵佳节的气氛点燃了整个京都的欢乐时，辛弃疾却由衷地为着这样的欢天喜地而忧心忡忡。毕竟，他们所属的这个国家早已风雨飘摇，他们的兄弟姐妹还在沦陷区中受苦受难，他们的敌人还在虎视眈眈地盯着这边的物华和天宝。遗憾的是，他们却似乎全然感受不到这样的危机，完全陶醉在这灯火万家中。

或许因着内心的那一点隔阂，到了京都的辛弃疾对于官场并不热衷，而是显得有些漫不经心。闲暇时候，辛弃疾宁愿徘徊在风景渲染中的临安，也不愿勉强心思，游走于高官权势中。加上司农寺主簿本就只是一个闲官，所以辛弃疾也就有了更多的闲散时间“日日过西湖”，赏山色晕染出来的水墨画，看“相次藕花开也，几兰舟飞逐”[1]。

不过，幸好还有虞允文这样的主战人士在朝廷中，所以辛弃疾也一直没放弃过自己对军事方面的研究。而这样的坚持带给了辛弃疾些许的安慰，在他向虞允文献上了《九议》后的半年，也就是乾道八年的春天，被调遣到了滁州当知府。

[1]摘自辛弃疾《好事近·西湖》

当时的滁州，难民们因着流离失所的悲惨哀鸿遍野，城池因着战火的肆掠而破败不堪，就连田地里的庄稼也因着天灾人祸的袭击而荒废。但所谓任重而道远，“天将降大任于斯人”，英雄从来都不是凭着一马平川而夸耀于世的。这样的困境，似乎更能够激起辛弃疾的斗志，更能够证明他十年如一日的研究与学习，绝不是纸上谈兵。

辛弃疾一到任，便点燃了新官身上的三把火。第一把火，辛弃疾点的是“宽征薄赋”。滁州的百姓才遭受完炮火的袭击，身心都受到了巨大的伤害，而且他们的家产和粮食在战乱中也被毁坏得所剩无几，倘若这时还要向他们征收重税苛赋的话，那他们似乎只有以命作反抗，方能换取喘息的机会了。所以，辛弃疾放宽了征收赋税的标准，也减薄了税赋，期望在满足上交朝廷份额的基础上，最大限度地减少百姓的负担。

第二把火点的是“招流散”，辛弃疾开始着重处理流民遍地的问题。流浪在滁州城内的百姓，不是一个小数目。这样一大群不安定因素在晃动，对于社会的安定，百姓的正常生活，经济的复苏都是一个大威胁。所以，辛弃疾不仅积极向朝廷申请资金建立收容所，以解决他们暂时的生计问题，还派人修缮被毁坏的房舍和农屋，将流民的长期安置也做了久远的规划。

解决了民生和经济问题后，这第三把火自然就到了军事方面。这一次，辛弃疾采用的是“教民兵，议屯田”。滁州因为地处楚州、庐州和扬州的交界地带，战略位置非常重要，自从金宋交战以来，一直都是双方争斗的焦点。滁州也正因着这个地位，在这次的战争中损失惨重。也正因为如此重要，辛弃疾才越发觉得加强兵力、加深防御的重要性。严格训练民兵，主要是指在农事闲暇时期，将农民集中起来训练和编制，以便战争时期能以民充兵。而屯田，就完全是辛弃疾《美芹十论》中的战略了，这次他将这一条进行了实践，就是要求戍卒在守卫边防线的同时，也要开垦周边的荒地。如此一来，民与兵互为补充，互为帮助。

滁州在这三把火的熊熊燃烧下，短短几个月便就有了翻天覆地的变化。辛弃疾自然不会放过乘胜追击的机会，处理完农业方面的赋税问题，他又转战商业方面。虽说关于“重农轻商”在大政策的指导下，并没有什么可以忤逆的可能。但商业的发展已逐渐成为宋朝经济发展过程中的一个亮点，早在宋国还未受到金国的侵略，还未遭受那一场“靖康之耻”时，对于商业政策的放松，甚至是促进，就已经有了明显的趋势。

所以，辛弃疾这次大张旗鼓地重振滁州的商业，也是时势使然。为了吸引更多的外地商客来滁州交易，他不仅将外地商客来滁州买卖东西的官税进行了减薄，而且还在城内兴修了一处新的交易场所——繁雄馆，以便商人们有更加舒适的交易环境。这样，有了官府政策的大力支持，又有了交易的固定场所，以及场所内配备的规则和衡量标准。商人们自然也就蜂拥而至了，由此带来的商业效益和经济活力，成功地让不久前还死气沉沉的滁州城，有了神采奕奕的样貌。

06 | 却喜重寻岭上梅

当滁州就这样随着严密而契合的规划一步步走向繁荣和安定后，身为知府的辛弃疾，内心的满足自然是不言而喻的了。他的学识也好，经历也罢，在经过无数次的被漠视和被怀疑后，终于有了被正视的机会。事实证明，这次难得的正视，最终成为了滁州人民最及时的拯救。

看着绽放在滁州人民脸上那些如花般的笑容，辛弃疾感到欢喜不已的同时，内心想要再多做一点的冲动也慢慢滋生了出来。因为在辛弃疾看来，如今这份属于滁州的安定和美好，是这里的百姓创造出来的，当然就该让他们去享受这份得之不易的幸福。

于是，辛弃疾计划在城内再修一处观景台，以供人们娱乐和赏景。想要鸟瞰整个滁州城的风土人情，选择地势高的地方是必须的。所以，他干脆选址在修建繁雄馆的那个坡上。很快，一座集娱乐场所与光景远眺于一身的楼阁——奠枕楼便修建好了。

这座楼阁竣工后不久，辛弃疾便相约好友，一起登楼观景了。自高楼吹来的大风，将他们的衣摆吹得呼呼作响，可沉淀在辛弃疾眼中的欣慰却没有因着这样的吹拂而有丝毫的动摇。将楼下的风景一一收进眼底的辛弃疾，突然就有了一丝怔忪感，似乎就这样看到了欧阳修笔下滁州的那份幽深静美。那些跳跃在《醉翁亭记》中的景色和宁静，虽还不至于完全搬到了现在的滁州城，但至少他们都拥有了观赏的心境。由凭栏远望而衍生出来的那种悠远绵长感，引起了辛弃疾回忆思潮的同时，也触发了辛弃疾的诗情。

征埃成阵，行客相逢，都道幻出层楼。指点檐牙高处，浪拥云浮。今年太平万里，罢长淮、千骑临秋。凭栏望，有东南佳气，西北神州。

千古怀嵩人去，应笑我、身在楚尾吴头。看取弓刀，陌上车马如流。从今赏心乐事，剩安排、酒令诗筹。华胥梦，愿年年、人似旧游。[1]

来来往往的行客，由着脚步踏起千层的尘埃，有了这样一层迷雾的笼罩，奠枕楼在他们眼里，似乎也有了幻奇的色彩。他们扬起指尖，遥望着那高高在上的檐牙，感叹于它的的雄伟和奇异，也折服于它坐拥韵浪的气势。从这雄伟楼阁望去的万里土地，今年免去了金人的践踏，终于有了太平的普照。可是，这样的太平却有着根基脆弱的忧患，唯有彻底地废除长淮的界限，让数以千计的骑兵威

[1]摘自辛弃疾《声声慢·滁州旅次登奠枕楼作，和李清宇韵》

震边界，这份安定才足以被信服、被肯定。凭栏远望于东南处，那里正缓缓升起一朵祥云，似乎就是为了让世人相信，收复西北，有天运担保。

他知道还抱有收复这个念想的人不多了，就好像这么多年过去了，怀念嵩洛的那个李德裕早就消逝在时间的长河中一样。也许，会有很多人笑他，笑他既然怀揣着如此雄壮之志，却为何甘愿待在这楚尾吴头中。但世人似乎都忘了来看看，那个处在楚尾吴头的滁州城，如今拥有的是怎样的一个翻天覆地，就连窄得像刀弓一样的田中小路，都有着绵延不绝的车马，如流水般缓缓淌过。所以，他不惧怕这样的嘲笑，更不后悔自己守在这楚尾吴头中。他会为这番焕然一新的光景而欢欣鼓舞，会安排好酒令诗筹来与民同乐，甚至愿意为着建设人们心中华胥国的梦想而尽职尽责。也许，这样的梦想太过遥不可及，但至少希望年年到此的人们，都有着旧地重游的归属感。

奠枕楼给了辛弃疾满足的骄傲，也给了当地人民，甚至是各个地方的商人们幸福的安慰。当辛弃疾的好友周孚远道而来后，竟因着这里的欣欣向荣，这份与民同乐，挥笔写就《奠枕楼记》一文。文中除了将滁州这些年的改变进行了一一的陈述外，对于辛弃疾的赞赏也是溢于言表的。周孚写完后，似乎觉得光是《奠枕楼记》的赞赏还不足以囊括辛弃疾的成就。所以他又特地写了一篇《辛幼安赞》，专门来列举辛弃疾做出的贡献。

正当辛弃疾的业绩蒸蒸日上，渐渐生出平步青云的可能性时，一则来自镇江的消息却浇灭了辛弃疾内心充盈的火焰。范邦彦“卒于官”的噩耗传到滁州后，辛弃疾因着亲情上的牵绊而心生悲戚，可真正让辛弃疾悲痛的，却是从此失去了一个精神伙伴。虽然，他和他的岳父在年龄上相差较大，可他们的志向与骨气却有着相同的厚度。

可如今，辛弃疾在这条道路上刚有了点成就，走在前面的范邦彦却只能在大业未成的情境中悄然而逝。这怎能不让辛弃疾惋惜和伤悲呢。不过辛弃疾知道，自己唯有继续努力，才能对得起岳父对他的重视，才不会辜负自己一直以来的坚持。所以，在接下来的一年里，继续任职于滁州府的辛弃疾，除却让“方苦于饥，商旅不行，市场翔贵，民之居茅竹相比，每大风作，惴惴然不自安”[1]的现象彻底消失外，还对夯实滁州根基的部分采取了继续坚固。不仅如此，辛弃疾还根据滁州的现状适时调整了发展的策略，使得滁州人民的生活水平，以及整个滁州城的风貌都得到了极大的提升。

也因着辛弃疾这样一番出色的政绩，在出任滁州知府两年后，辛弃疾被任命为江东安抚司参议官。而这样一个官职的到来，让辛弃疾真真正正体会到了所谓的欣喜若狂。因为这一次，他终于如愿以偿地与军事打上交道了。这是他归宋以来，第一次正式与军事、谋论扯上关系。

作为一个参议官，不仅能直接进帅府参加谋议，而且还能参领军中的机务。虽然这样的参与，并没有达到辛弃疾想要亲战沙场

[1]摘自周孚《蠹斋先生铅刀编·滁州奠枕楼记》

的地步，但至少，如若有战，他终能为这场战争付出他的绵薄之力。况且，身为高级幕僚的他，地位仅次于参谋官，能够贡献出来的力量，也绝对不可小窥。

似乎这样的欣喜并没有因着参议官的任命而在辛弃疾身上划上休止符，反而在到任后，有了好事连连的延续。辛弃疾到了建康后，才惊喜地发现，时任建康知府的居然是自己的老友叶衡。好友情谊，再加上叶衡向来对辛弃疾的谋略和作为都颇为赞赏，所以，在任职参议官期间，叶衡一直对他很器重。

只是，叶衡与辛弃疾在建康的情谊还没来得及延长加深，朝廷传来的消息，却打乱了他们的唱和。原来，淳熙元年二月的时候，时任左丞相的虞允文不幸去世，随后不久，曾怀又罢任右丞相一职。所以，朝廷于十一月急招叶衡入朝为相，辛弃疾和叶衡在建康的交游也就只能暂时停止了。

虽然属于建康的情谊有了临时的终止，可他们私下的联系却没因着距离的拉远而越渐淡薄。叶衡寿辰之日，有辛弃疾“江头父老，说新来朝野，都道今年天平也。见朱颜绿鬓，玉带金鱼，相公是，旧日中朝司马”的贺词。就连辛弃疾春游蒋山时，也都关怀着身在临安的叶衡，“独立苍茫醉不归。日暮天寒，归去来兮。探梅踏雪几何时？今我来思，杨柳依依”。

叶衡也没辜负辛弃疾这样一番情谊的寄托，他不仅把辛弃疾的

[1]摘自辛弃疾《洞仙歌·寿叶丞相》

[2]摘自辛弃疾《一剪梅·游蒋山，呈叶丞相》

牵挂放在了眼中，而且也把辛弃疾的抱负牢牢地刻在了心底。所以一有机会，叶衡便在孝宗面前，极力推荐辛弃疾，称“弃疾慷慨有大略”，除了大加赞赏辛弃疾的才干外，还将辛弃疾这些年的政绩对孝宗进行了汇报。而这样的引荐，及时得到了反馈。不久，辛弃疾就受到了孝宗的召见，并奉上了登对札子。

辛弃疾也因着这次的出色表现，被调任为仓部郎官。这个职位因“参掌国之仓庾储积及其给受之事。凡谙路收来折纳，以时举行。沼运上供封椿，以时催理”[1]的重要性，一直都是官员们眼中的肥缺。所以，这样的调遣，带着升迁的意味，似乎也算是对辛弃疾于滁州作为的肯定。

可辛弃疾还没将仓部郎官的座位捂热，便因着发生在江西的暴动而临危受命。淳熙二年六月，辛弃疾被任命为江西提刑，在交代完手头的事情后，于秋初离开都城临安，去往江西督捕茶商军。

彼时，茶之于整个宋国是朝廷的专卖品，由不得百姓私自买卖或贩运的。但奈何茶民的生活久处困苦之中，而贩运私茶又能给他们带来丰厚的回报，所以越来越多的茶民不惜铤而走险，开始私运茶叶。这样一来，参与的人数越来越多，官府的人闻风而来，对于这种严重触犯宋国朝廷利益的事情，官府肯定不会置之不理的。所以，官府立即开展了对私运茶叶商人的追捕行为。

而这样的大肆追捕，似乎成了压垮茶民的那根“最后的稻草”，

[1]摘自《宋史·职官三》

一下子就引燃了郁结在他们心中的怒火。他们开始站起来抵制官府的抓捕，并渐渐延伸成了一场反抗宋朝统治的起义。这样的起义因着感同身受的味道，竟如雨后春笋般，在宋国大地上，迅速蔓延开来。而朝廷这次派遣辛弃疾前往江西，就是去镇压一支由赖文政领导的茶民起义军。

赖文政最开始是在湖北发起起义的，随着队伍的壮大，他们由湖北攻入了湖南，再由湖南攻入了江西。势如破竹的他们，一路向北，渐渐有了逼临都城临安的趋势。这引起了朝廷的极大恐慌，恰逢这时，身为江西总管的贾和仲因抗击不利，败给了赖文政。这对于身在临都的高官们无疑是雪上加霜的打击，这时叶衡再一次在孝宗面前保荐了辛弃疾。毕竟，辛弃疾也曾有过当起义军的经历，而且还身怀夜袭金营，勇捕叛徒的本事，所以对于抓捕赖文政，他应该有更好的实战经验。

辛弃疾对于这次派遣，心中真的是五味杂陈，难以言清。他一直希望驰骋沙场，披甲挥戈是为了收复失地，抵抗侵略，而不是朝向一群被逼上绝路的同胞们，他们也许怀揣着与他一样的梦想，他们甚至同他一样，曾挥舞着手中的武器朝向金军的阵营。

可现在，他却不得不将自己的谋略用在抓捕自己的国民身上。茶税的苛刻，辛弃疾自是有所耳闻的，地方官员的贪婪和压榨，他也是知晓的。所以，这样一起的茶民暴动，辛弃疾实在不能将罪责都归于这群被逼到绝望的人。

如此一场官民兵戎相对的局面，辛弃疾知道自己如今再去想一些政策来调和其中的矛盾已是不可能的了。毕竟，皇上不会容忍自己的权威受到挑战的，而茶民们也不愿将信任再交予官府。所以，对辛弃疾而言，此时唯一能做的，就是奔赴这项官面上的“讨捕”行动，然后在行动具体实施的过程中，最大程度地避免双方矛盾的激化，完成最终意义上的妥善处理。

07 | 迁大理少卿

因着内心对广大民众的那份怜惜，从一开始，辛弃疾就没想过这样的一场“讨捕”必须要由鲜血铺就，或是拿践踏当法宝。这样一份怜惜，在辛弃疾在来到江西后，看过残喘在这里的生命，便有了越加深刻的坚持。所以，他并没有立刻施行暴力的镇压，而是采取迂回的策略，尽力安抚当地的茶民，以及受到挑唆的普通民众。

辛弃疾摆出的这个柔和姿态，加上朝廷颁布了适当减免湖南、江西等地租税的条令，居于民与官之间的矛盾有了趋于缓和的趋势。赖文政眼看自己处在县城的优势日渐消退，便不得不另择他路，他们逃窜到了吉州永新县界的禾山里，想要借着地形的复杂和地势的陡峭，打官兵们一个措手不及。

这样的思量和计划固然是好的，毕竟，茶民对于那些崎岖的山路，对于那些或明或暗的哨口，都有着天生的优越感。但他们却低估了辛弃疾的能力，所以，当辛弃疾凭着万古不变“射人先射马，擒贼先擒王”的计策将赖文政诱杀后，剩下的那些茶民们也就成了一盘散沙，毫无反抗之力。于是，由此而展开的剿除也好，劝顺也罢，也就轻而易举了。

虽然辛弃疾的有些行为并没完全按照朝廷的硬派作风，给予茶农们杀一儆百的示威，但就结果来说还是符合了统治者的意愿，也算是立下了平叛的功勋。所以，辛弃疾也因此被加封为秘阁修撰。然而，这个职位带给辛弃疾的，更多的是一种无言的失落。

他此生的志向一直定格在前线最激烈的战火中，可自从他归宋后，铺在他前面的路，却一而再再而三地要求他在平淡中寂地无声。这次好不容易有了披甲上阵的机会，对象却是自己的同胞。此次出兵，就算没有达到他期望中收复失地的赫赫战功，但至少足以让统治者知晓他的能力。可事实上，最终落到他头上的却是一个秘阁修撰的加封，又一个文职的确定。

所以，当他开年后回到江西，继续他的提点刑狱职位时，望着郁孤台下缓缓流过的河水，心中的郁思也有了慢慢凝聚的趋势。

郁孤台下清江水，中间多少行人泪。西北望长安，可怜无数山。青山遮不住，毕竟东流去。江晚正愁余，山深闻鹧鸪。[1]

郁孤台下流淌而过的赣江水，带着清透明亮缓缓而去，可又有谁知道这其中掺杂了多少行人的眼泪。他抬头想要将在西北的长安

[1]摘自辛弃疾《菩萨蛮·书江西造口壁》

城看个通透，却被无数穿插在其中的青山给狠狠地挡住了。就像他想要一马当先的收回那些遗忘在西北地面上的城池一样，总有无数的主和派扯着他策马扬蹄的阵脚，可这茫茫青山挡不住“上善若水”最柔软，也是最势不可挡的流淌。江边的夜色渐近了，就连栖居在深山里的鹧鸪鸟也发出阵阵悲鸣了，那他的愁绪是不是也可随着这样的夜色沉淀，随着这样的鸣叫渐远呢？

辛弃疾还未来得及想明答案，他的调任通知书却在暮秋时节投递了过来。京西路转运使的判官，主管着当地钱粮盐铁的运输，毋庸置疑，肥差一个。似乎也没了辩驳的力气，辛弃疾只是默默地收拾行李，奔赴任职。

官职的变迁，对于现在的辛弃疾而言，已然成为了一个太正常不过的现象。频频调任的职位，与一直不变的职位性质，就像最默契的搭档一样，给予辛弃疾最沉重讽刺的同时，也让他心生疲惫。所以，辛弃疾于京西路转运使判官的职位上仅待了几个月，又被调为江陵的知府兼任湖北安抚时，并没有多讶异，不过又是一场收拾行李的行为，另一场奔赴的历程。

虽然，这次的调任让辛弃疾身兼两职，但安抚一职不过是虚职一个，其中的权利早就有了各司来承任，所以对于辛弃疾来说，他主要的职责还是在江陵知府上。虽然，辛弃疾对于这样频繁的调任心生倦怠，但当他的脚步踏上这片土地时，他的心便又开始为这里的一切而思虑了。

辛弃疾一到任，便听说这里的盗窃事件特别严重，他立即就开始着手严查。偷米盗牛之类的事情虽看似简单，甚至不足为道，交给底下的捕头就能办妥，但一旦对这样的事件有些许的纵容或处置不当，由此引发出来的后果都是极其严重的。所以，这一次，无论情节轻或重，辛弃疾一律选择了严肃处理，严惩不贷。

事实证明，这样的严治确实有着威慑作用。辛弃疾也因此有了多余的时间相邀好友，共赏“唤起一天明月，照我满怀冰雪，浩荡百川流。鲸饮未吞海，剑气已横秋。野光浮，天宇回，物华幽”[1]之景，抒“望中矶岸赤，直下江涛白。半夜一声长啸，悲天地，为予窄”[2]之愁。

日子不轻不重，但至少好过碌碌无为。但就是这样的闲情逸趣，辛弃疾也没能保持太久。这一年的下半年，辛弃疾得知江陵驻军中统制官纵容军中士兵殴打当地百姓，向来遵从正义的他，立即将这件事情上奏给了朝廷，并且认为错在军队。可这样的一番为民申诉，换来的却是他又一次的调遣：隆兴知府，兼江西安抚。

回归江西的心情，辛弃疾还未就故地重游做出感慨，好友周孚在真州去世的消息，却将辛弃疾的步伐连同思绪打乱了。扑面而来的忧伤，像藤蔓般紧紧地缠绕着辛弃疾的心，为着好友的英年早逝，更为着这苍茫世界，自己又少一份的理解。可就算辛弃疾的心境到了如此脆弱的时候了，调遣的步调却没有任何想要停止的意思。

在辛弃疾担任隆兴知府兼江西安抚三个多月后，辛弃疾又被召

[1]摘自辛弃疾《水调歌头·和马叔度游月波楼》
[2]摘自辛弃疾《霜天晓角·赤壁》

为大理寺少卿。大理寺一直以来都是负责审理刑狱案件的地方，而这次的调遣对于辛弃疾来说，除了仓促外，更多的是莫名其妙。因为这样的职位无论从哪个层面上来说，都与辛弃疾的才能无关。

事实上，这次的调遣与新右丞相史浩的上任有着莫大的关联，史浩一直对南归的豪杰有歧视心理，认为他们如若真的有反金意愿的话，在中原的时候就该做到了，为何还要归顺到宋国来。所以，他一上任后，便把南归的人士都召了回来，这其中也包括辛弃疾。

而辛弃疾对此早就有预料，所以他在接到调任书后，在与朋友的离别唱和中表达了自己的不满。

我饮不须劝，正怕酒尊空。别离亦复何恨，此别恨匆匆。间上貂蝉贵客，花外麒麟高冢，人世竟谁雄。一笑出门去，千里落花风。

孙刘辈，能使我，不为公。余发种种如是，此事付渠侬。但觉平生湖海，除了醉吟风月，此外百无功。毫发皆帝力，更乞鉴湖东。[1]

辛弃疾借词言志，就算这样无谓的调遣能支使他的身躯去往消沉的前方，但他的心境却能笑看这世间的落英与缤纷，他的骨气也能叫嚣着唯有孙权、刘备这样的人才值得自己的追随。

三十九岁的辛弃疾拜别朋友，离开江西，去往杭州。长路漫漫，漫长而艰苦的旅程，寂寞难耐实属自然之事。正值春日之际，辛弃

[1]摘自辛弃疾《水调歌头·我饮不须劝》

疾将沿途春色尽收眼底。平时没日没夜的操劳正事，从未把景色放在眼中，如今一睹春景，真是大快人心。奇花斗艳，蝴蝶飞舞，河水奔流不息，阳光照射，路途的景象充满了生机。一时之间，辛弃疾的心情也被春色感染，变得欢愉起来。但是一想到叵测难料的未来，辛弃疾又难免心生一丝忧虑，他只希望征战疆场，实现自己“平戎万里”、收复旧山河的理想，却始终无法所愿，只能在调来换去的文职生涯中，渐渐远离了自己的理想。一路行来，辛弃疾回想过往，感慨良多。

这一日，辛弃疾来到了池州东流县。旧地重游，不禁有一丝激动，不知当年那位女子是否还在此地。凭着模糊的记忆，辛弃疾寻到她曾居住的小楼，却发现佳人早已不知去往何处，独留小楼，飘摇风雨中，已现斑驳之色。现实的残酷来得太猛烈，打得辛弃疾措手不及，他怅然写下《念奴娇·书东流村壁》，期望着能与佳人再度相逢。

野棠花落，又匆匆过了，清明时节。刬地东风欺客梦，一枕云屏寒怯。曲岸持觞，垂杨系马，此地曾经别。楼空人去，旧游飞燕能说。

闻道绮陌东头，行人长见，帘底纤纤月。旧恨春江流不断，新恨云山千叠。料得明朝，尊前重见，镜里花难折。也应惊问：近来多少华发？

又是一个清明时节，野棠花儿飘落。因着东风的欺凌，辛弃疾从梦中惊醒，此情此景，仿如往时。他曾在那弯曲的小河边，衔觞赋诗，与佳人共饮。他曾在那垂柳树下，与佳人道别，纵马而去。如今故地重返，一切已经物是人非，人去楼空。只有往日的燕子还栖息在这里，那时的欢乐，只有它能作见证。

听说街头的东面，繁华的街道之中，有不少人都见过了她的美貌。旧日的事情如春江水奔流不息，随着时间一去不复返，唯留下叹息，而新的遗憾又像云山层层，一叠叠的堆来。辛弃疾寄望着有朝一日能和她再度相逢。

辛弃疾途经旧时地，情景依旧，却没了往日的伊人。他怀念着多年以前与女子在柳树下相遇的情景，柳絮飞舞，阳光洒照，彼此心情激荡着涟漪，却未此想到，那日一别，再见已成永远。人生可叹，一切都始料未及。

辛弃疾不禁想起唐时才子崔护写的那首诗《题都城南庄》："去年今日此门中，人面桃花相映红。人面不知何处去，桃花依旧笑春风。"原来，这大千世界，怅惘的不只他一人而已。

崔护出身于书香门第，才情斐然，潇洒倜傥。他在桃花开得艳丽的三月，去城郊游玩，于城南看到一女子。女子娇羞可人，神韵自然，宛如天成，在桃花的映衬下，更为美丽，崔护为之深深触动，不禁兴起渴慕之意，遂借口渴讨水喝与女子搭讪。无奈因为急事，他不得不匆匆辞别女子。第二年桃花盛开，崔护想起这位女子，遂又跑去当年相遇之地，寻觅许久，依然不见佳人倩影，崔护伤感至极，遂写下了这首《题都城南庄》。

桃花依旧开得灿烂，春风也不是无情，只是时光匆匆流走，毫无声息，我们都不知道下一刻人生会是什么光景。人生就是这般无奈，人与人的相遇，似乎冥冥中早有注定，有些人，终究只是生命中的过客，即使追逐，也是枉然。在不同的时空里，辛弃疾与崔护有了相同感伤，只因，他们都有一位想要追寻却不得的佳人。

虽然遗憾，虽然悲伤，辛弃疾还是挥别旧地，往杭州奔去。辗转为官，是他的宿命，平戎万里，是他的理想，这是一条艰难路，就让他斩断牵绊，轻松上阵。

08 | 辗转，辗转

初来乍到，辛弃疾便感觉地处江南的杭州，与他从小生长的济南有着异曲同工之妙，皆是钟灵毓秀，颇具神韵的地方。他仿佛回到了自己的出生地，小桥，流水，人家，青瓦，细雨，细细的柳条在清风中摆动，如歌如画的西湖，映入眼帘，一切景致是如此熟悉，梦中早已来过千百遍。辛弃疾有些陶醉了，这一方水土突然触及到了他的灵魂深处，唤起了他对故乡的深切思念。虽然，杭州非他所愿之地，但既来之则安之。

一到任上，辛弃疾便积极投入工作之中。大理寺少卿一职，主要是掌管刑狱案件的审理。辛弃疾一来便开始处理一些搁置很久的冤假错案。在他的明察暗访之下，许多冤屈案件都得以平反。

经过一段时间的忙碌，冤假错案也处理得差不多了。辛弃疾才决定去会会在杭州的故友吕祖谦。吕祖谦也是一位力主抗金、改革时弊的战士，他和辛弃疾可谓志同道合，时常一起探讨时政。交谈之下，发现两人想法常常不谋而合，遂成为知己。只是因为辛弃疾时常各地为官，漂泊不定，两人见面的时间也不多。

但是，辛弃疾却始终关注着吕祖谦，并为吕祖谦在理学上的成就欣然欢喜。吕祖谦幼承家学，因其曾祖父好问、祖父弸中皆继承和研究中原理学，吕祖谦也是喜爱理学。他为学主张明理躬行，治经史以致用，“讲实理，育实才，并求实用”，知识赅博，善取众长，蔚然成理学大师，与朱熹、张栻齐名，人称“东南三贤”。

凑巧的是，他去拜访吕祖谦时，陈亮也在。关于陈亮之名，辛弃疾也是早有耳闻，此人到临安赶考，三次上书孝宗皇帝，反对议和，力举抗金，但均未被采纳。辛弃疾对他早有好感，却一直无缘得见。岂料，却于吕祖谦处相逢，辛弃疾大喜过望。因着同样的理想和抱负，两人一见如故，相识恨晚。两人更是经常相约出游，西湖边、灵隐寺旁都留下了他们游走的痕迹。

欢乐的时光总是短暂的，就算是这次带着明显政治意味的调遣，到头来也没维持太久。这一年的秋季，辛弃疾被调任为湖北转运副使，开始又一次的奔赴。这一次，辛弃疾没有走陆路，而是走水路。舟行江上，思绪勃发，辛弃疾遂写下《满江红·江行和杨济翁韵》一词。

过眼溪山，怪都似、旧时相识。还记得、梦中行遍，江南江北。佳处径须携杖去，能消几緉平生屐。笑尘劳、三十九年非、长为客。

吴楚地，东南坼。英雄事，曹刘敌。被西风吹尽，了无尘迹。楼观才成人已去，旌旗未卷头先白。叹人间、哀乐转相寻，今犹昔。

瞧着这入眼景色，辛弃疾只觉得眼熟。这几年，他频繁调动，长江中下游的名山大川，常成为他的行经之地，识得这沿途风物，也就不足为奇了。可是，辛弃疾却在写给杨济翁、周显先的《满江红》中言“怪都似、旧时曾识”。平平一个“怪”字，道尽了辛弃疾的感慨。时光如梭，不觉间，这些景物都已经是旧时相识了。

可是，他收复失地的理想却仍未实现。江南是南宋偏安之地，江北的大片国土已经沦亡了。那片魂牵梦系的江北土地，只能在梦中才能一偿所愿。人生已无多少时日，不如纵情山水，笑看云卷云舒。回首这三十九岁月，终日为世俗烦恼所牵，“长为客”既是辛弃疾“长恨此身非唔有，何时忘却营营”自嘲，也是为自己归宋多年，一直被朝廷视为外人加以防范的愤懑。辛弃疾原以为归宋后能够拳脚大展，在军事上为南宋收复中原奠下稳固的基石。谁料，朝廷一直不信任他，只是给予他不痛不痒的闲职，让他辗转于各地，又怎能不令辛弃疾生出“长为客”的慨叹。

长江中下游之地，原是三国时吴国盘踞之地。一场赤壁之战，决定了三国鼎立的割据局面。当年的曹操、刘备、孙权是多么意气风发。如今，这些煊赫一时的英雄人物，都已“被西风吹尽，了无尘迹”，成为历史故实。他们毕竟得偿所愿，叱咤风云，称雄一时。可自己呢，宦途失意，频繁调动，难得安宁，一心想要征战沙场，却是国仇未报，“头先白”。只能“叹人间、哀乐转相寻，今犹昔”。人间哀乐从来循环不可捉摸，他也就不要去斤斤计较了。

辛弃疾迷茫了，面对这种辗转流徙的仕宦生涯，他厌倦了，甚至想要就此归去，畅游名山大川之间，可是他又放不下他的收复失地的梦想。“叹人间、哀乐转相寻，今犹昔”，不过是对自己的宽慰罢了。

当然，这一次所谓的奔赴还是没能逃脱调遣的频繁步伐，仅仅半年多，辛弃疾便又改任为湖南转运副使。好友们为他的离别而饯行，他却不知该为自己这一系列的奔走作何感想，其中的无奈和苦笑，辛弃疾只能写入词中，慢慢消磨了。

淳熙己亥，自湖北漕移湖南，同官王正之置酒小山亭，为赋。

更能消、几番风雨，匆匆春又归去。惜春长怕花开早，何况落红无数。春且住，见说道、天涯芳草无归路。怨春不语。算只有、殷勤画檐蛛网，尽日惹飞絮。

长门事，准拟佳期又误。蛾眉曾有人妒，千金纵买相如赋，脉脉此情谁诉？君莫舞，君不见、玉环飞燕皆尘土！闲愁最苦！休去倚危栏，斜阳正在，烟柳断肠处。[1]

辛弃疾怎能不苦闷伤感，南归至此已有十七年。在这漫长的岁月更迭中，曾以为自己扶危救亡的壮志能够得到施展，收复失地的策略将会被采纳。然而，事与愿违，他遭遇的是常年被排挤打击，不得重用。不过短短四年，他已经改官六次了。这次，他由湖北转运副使调官湖南。这一调转，并非奔赴他日夜向往的国防前线，而

[1]摘自辛弃疾《摸鱼儿·更能消几番风雨》

是去担任主管钱粮的小官，现实与他的志愿愈来愈遥远。王正之为他置酒送行，谁知，酒入愁肠愁更愁，辛弃疾触景生情，遂写下了这首《摸鱼儿》，表达自己的愁苦不堪的心情。

暮春时节，百花凋零，风雨肆掠，总能惹起愁肠万千。留春不住的伤悲，惜春无限的痴情，最终只能凭着檐上的蛛网，空中的柳絮，独自缱绻。他想让自己的国家如这春天般，有着复苏最美好的意义，可奈何总有这么多的妒忌，让自己的脉脉情思无处申诉。不过，他一直坚信着，终有一天那些奸佞小人会有玉环、飞燕一样的命运，走上尘土虚空的下场，走入万劫不复。所以，此刻的他只能倚在栏杆上，看斜阳于烟柳处化作愁肠。

对国家依旧怀着热忱的辛弃疾，不仅在词赋中表达了自己忧国忧民的情怀，在实际中也丝毫没落下前进的步伐。在辛弃疾来湖南之前，这里的农民暴动就有了越加频繁的趋势，鉴于辛弃疾在茶商讨捕中的政绩，所以这次朝廷急急地将辛弃疾派遣至湖南，便是希望他在湖南也有这样的作为。

辛弃疾去到湖南后，并没有一味地打击或镇压暴动，而是进行了一番细密的考察，并把考察的结果写成奏折，以《论盗贼札子》一文，进献给了孝宗。辛弃疾向孝宗详细地分析了湖南这一带盗贼之多的原因，并指明产生这个现象的原因在于“赋繁役重，官吏贪求，饥寒切身，故不暇顾廉耻尔”，所以，想要彻底解决这个问题，“当轻徭薄赋，选用廉吏，使民衣食有余”，而不是盲目地依靠严酷的刑罚，或血腥的镇压。

忙完湖南这一带的事情后，辛弃疾就被调到了潭州任知府，兼湖南安抚使。彼时，潭州一地的干旱已经很严重了，辛弃疾到任后，便马不停蹄地忙着兴修水利，修筑水塘，赈灾拨款。等到自然灾祸处理得差不多后，辛弃疾又开始解决起潭州这边的社会事件了。

他先是兴办了县学，然后又对人才的选拔进行了慎重的规划，最后对在任官吏的贪污腐败现象进行了严肃的处理。从而对于整个潭州，乃至湖南的官场，也有了一番洗心革面的意味。当然，这并不是辛弃疾作为的全部，对于改革，对于为国为民，他还有好多策略想要施行，也有很多精力准备付出。

所以，紧接着，辛弃疾整编了乡社，将那些被压迫在土豪劣绅下的农民进行了编制，让他们得以摆脱那些剥削与强取豪夺。然后，为了不让已经整顿好了的秩序，以及被压制下去的土豪劣绅们有反抗的机会，辛弃疾又创建了飞虎军，直接听命于他，对此后的盗贼事件给予更加严重的监管和处罚。之后，为着一样的迅猛改革，辛弃疾又被调回任隆兴知府和江西安抚。

虽然，辛弃疾辗转奔波于各地，总是担任一些远离战事的闲职，离他想要去的前线总是相隔甚远，根本无法实现他抗金杀敌收拾山河的志向。但对于辛弃疾来说，没有什么比建功立业，比实现政治保护，施展自己才干更重要的事情了，这是他一生的使命。强大的愿望支撑着坚实地迈出每一步。虽然每一步荆棘丛生，却都走得灿烂夺目。

第四幕　闲居

我见青山多妩媚，青山见我应如是

01 | 却将万字平戎策，换得东家种树书

当一个人凭着内心最诚挚的渴望，以义无反顾的姿态去奉献他的坚持时，所得到的结果想必也差不到哪里去。所以，当辛弃疾尽职尽责地为湖南的人民带去希望和安顿后，他的能力也理所当然地获得了朝廷的关注。那时，恰逢江西遇上罕见的饥荒，鉴于在湖南的出色表现，辛弃疾又被调回了江西。

而这样的调遣，在某种意义上来说，也算是对辛弃疾能力的进一步肯定。所以，这次江西的任命，对于辛弃疾来说，责任似乎更大，毕竟江西的人们是抱着希望来迎接他的。不过，等辛弃疾到了之后，才发现当地的灾情远超过他的预料，而且，荒情更多是由歉收而引起的饥荒。

所以，辛弃疾先是发布公文："闭粜者配，强籴者斩。"以此来稳定整个粮食买卖市场。毕竟如若有了天灾引起的歉收，再遇上市场囤积居奇的话，那就真的无法挽救了。然后，辛弃疾又"令尽出

公家官钱银器，召官吏、儒生、商贾、市民各举有干实者，量借钱物，逮其责令运籴，不取子钱，期终月至城下发粜”。

因为不能置市场的规则于不顾，所以他只能通过筹钱购买的方式，集聚粮食。用这样的方式集聚到钱后，百姓的粮食问题也就有了暂时的保障。在辛弃疾的严密规划下，以及当地民众的配合下，江西的饥荒有了很大缓解，“民赖以济”的情况也开始渐渐有了起色。

辛弃疾的这一番心血，虽不至于将当地的百姓彻底拉离水深火热，但至少能让更多的百姓免了生命之忧，所以他既收获了内心的满足，也让皇上的嘉奖为自己的声誉增添了一丝声色。由此，辛弃疾便获得些许的休息调整时间，与朋友共赏天地。

恰好这时，辛弃疾一年前开始修建的带湖新居已经进行到收尾的阶段了，所以趁此机会，辛弃疾也来个忙里偷闲，亲自去看了看。辛弃疾当初之所以将自己的新居安置在带湖周围，一方面是因为他这几年一直在湖南、江西、湖北这一带任职，鲜少有时间与在临安的家人团聚，所以修在这里既能将家人接过来，又能继续忙公事，另一方面，也是因为这里的风光自然而随意，总能激起人们心底的闲情逸致，辛弃疾想让家人也获得这样舒适的享受。

在辛弃疾眼里，一间宅子首先看重的不是房屋质量的好坏或是屋前屋后景色的优劣，而是周围的邻居是否有着安心深交的可能，所谓“百万买宅，千万买邻”是也。人这一生最大的欢乐，就在于经过大半生的忙碌与奔波后，靠自己的力量，在自己心属的地方，与自己钟爱的人，共同居住在一个惬意与安宁的屋子里，然后相扶到老。

所以，“一年种谷，十年树木，君子常有静退之心”，这样的想法并不是对喧嚣生活的逃避，而是内心关于沉淀最真实的感受。况且，人生本就是要有起伏与跌宕，才能够称得上完满。“青山屋上，古木千章；白水田头，新荷十顷。亦将东阡西陌，混渔樵以交欢；稚子佳人，共团栾而一笑。”这样的日子，蓝天，白云，青山，绿水，朋友，佳人，有时候想想都觉得美好。毕竟，辛弃疾一直过着的生活太过动荡与奔波，如今，终于有一个地方是完全属于自己的，光是想象那种安定的生活，辛弃疾就已经觉得很美好了。

也许，这样的心情有着急切的意味，也或许是因为此时唯有炫耀才能抒发自己内心的骄傲，辛弃疾特地为自己新居的梁柱写了一首专属诗《新居上梁文》。

抛梁东，坐看朝暾万丈红。直使便为江海客，也应忧国愿年丰；
抛梁西，万里江湖路欲迷。家本秦人真将种，不妨卖剑买锄犁；
抛梁南，小山排闼送晴岚。绕林鸟鹊栖枝稳，一枕熏风睡正酣。
抛梁北，京路尘昏断消息。人生直合住长沙，欲击单于老无力。
抛梁上，虎豹九关名莫向。且须天女散天花，时至维摩小方丈。
抛梁下，鸡酒何时入邻舍。只今居士有新巢，要辑轩窗看多稼。

初动工的欣喜已经如此明显了，在经过将近一年的修建后，辛弃疾心中的喜悦就更加溢于言表了。所以，再次来到这里，看着已然成型的房屋，虽然，当初就是看上此地的山清水秀，闲适淡雅，但真正当一砖一瓦铺就成这样一个安身之所时，心底还是禁不住升起一丝宽慰来，似乎这里的一砖一瓦上凝结的都是他的舒坦与惬意。

三径初成，鹤怨猿惊，稼轩未来。甚云山自许，平生意气；衣冠人笑，抵死尘埃。意倦须还，身闲贵早，岂为莼羹鲈脍哉。秋江上，看惊弦雁避，骇浪船回。

东冈更葺茅斋。好都把轩窗临水开。要小舟行钓，先应种柳；疏篱护竹，莫碍观梅。秋菊堪餐，春兰可佩，留待先生手自栽。沉吟久，怕君恩未许，此意徘徊。[1]

“三径就荒，松竹犹存”，将新居建设的进度暴露无遗的同时，也将辛弃疾思归的心思全然展现了。辛弃疾迟迟未归，就连那些野鹤、猿猴都开始纷纷叫嚷了。很久以前，辛弃疾就以隐居云山为志向，但奈何这些年总是被各种的尘事所困扰，这也难怪世人会笑他言不由衷。关于隐居，其实早就有这样的意愿了，这无关家乡的鲈鱼，只是单纯的为着自己长久以来的愿望而已。

或许，于此时急切呼喊出来的归隐之意，在很多人看来，只是为了避开突如其来的灾难。就像秋日变幻万千的江河上，大雁为了躲避搭在弓上的利箭一样，或如那叶扁舟在面对惊涛骇浪时急急地

[1]摘自辛弃疾《沁园春·带湖新居将成》

回避一样。但无论世人如何揣测，他自己怎样辩解，怕是只有这山间的明月与清风才能知晓其中缘由吧！

所以，他定要将这里布置成最舒心的样子，才能不辜负这些清风与明月的邀请。他要在东冈那边盖上一间书斋，配上茅草的屋顶，然后在打开窗的一瞬间能看见溪水潺潺地流过。然后在湖周围种些柳树，让垂柳荡漾在湖边，引来成群的鱼儿以供钓鱼之乐。那一片的竹林可以用篱笆围住，但不能遮住那一束束梅花绽放的风景。等秋菊盛开出别样芳华时，他们还可以做成菜肴，有芬芳入鼻，更有美味入口。当然，他也可以效仿屈原，"纫秋兰以为佩"。而这些花花草草，他要亲自来栽种。可如此美好的一副光景，为何总感觉心中有梗塞，脑中有顾虑？到头来，还是怕皇恩浩荡，而自己做的又太少。

即便辛弃疾在词中流露出来的思归之意有着急切而深刻的味道，但扎根在他心底的仍然是为国为民的赤胆忠诚。所以，就算围绕在新居周围的一切事物都在盛情邀请着辛弃疾归家，可心里的纠结在经过一番衡量后，感性上的冲动还是不得不让步于理性上的责任。也许，转过身，不看后面的风景，前面的路纵使辛苦，幽暗，便也只能一直向前。

可是，命运却不愿放弃捉弄的把戏，总喜欢在最不经意间抛出最震惊的打击，每每将人们折堕在行走最关键的路上。此时的辛弃疾就是这样，他明明好不容易下定决心抛下心中的"小我"，走上为着"大我"的壮烈路时，命运却在这时候给了他一个打击，让辛弃疾的归属最终不得不走向那一片山青与水秀。

从新居回来后，辛弃疾还是一如既往地在官场上奋斗和忙碌着，但“山雨欲来风满楼”的气息，还是让辛弃疾有所察觉了。一方面，辛弃疾开始有意无意地打听官场上的动静，另一方面，关于新居的进度也投以密切地关注，倘若自己真的出了什么差池，至少还有个安身之所。

但令辛弃疾没想到的是，自己这一次的猜测会那么快应验。就在这年冬天，带湖的新居刚建成不久，辛弃疾就被任命为浙西提刑，可还没等他出发，落职的消息却如漫天风雨向辛弃疾铺天盖地般砸来，浇灭了他那份为民请愿的热情，也掩盖了他那颗报效祖国的忠心。

罢黜的源头来自飞虎军，那个辛弃疾曾为湖南的安稳而组建的队伍。当年，辛弃疾之所以创建这样一支队伍，主要是因为“军人则利于忧闲窠坐，奔走公门，苟图衣食，以故教阅废弛，逃亡者不追，冒名者不举。平居则奸民无所忌惮，缓急则卒伍不堪征行。至调大军，千里讨捕。胜负未决，伤威损重，为害非细”。这样的轻缓不一，让大军长途奔命却不能及时捉拿盗贼，也使得百姓也不能安心生产生活，所以辛弃疾就想着借鉴“广东摧锋、荆南神劲、福建左翼例”的模式，“别创一军，以湖南飞虎为名”，然后规定在管理上“止拨属三牙、密院，专听帅臣节制调度”。[1]

这样一番用心良苦的举动，本是为了当地百姓的安危和社会的

[1]摘自《宋史·辛弃疾传》

稳定，而且在飞虎军创建之初，他们也起到了这样的作用。但奈何这样的情境却没能维持下去，甚至在辛弃疾离开湖南后，飞虎军便开始变得骄横跋扈，不听管制。而这样的触犯，便被有心人当作了把柄，认为这是创建者辛弃疾的错，所谓“以弃疾奸贪凶暴，帅湖南日虐害田里”是也。辛弃疾无从辩驳，毕竟，飞虎军的确是他一手建立起来的。虽然是在他卸任湖南后才变得飞扬跋扈，但他还是有着不可推脱的责任。

既然如此，那就趁此机会，将身心都投入到山水的洗礼中，让山的厚实，水的婉转，洗涤自己千疮百孔的心。况且，新居已准备完毕，是时候换一个地方，开始新的生活了。新的环境，新的居所，才能拥有全新的心情，由此而展开的才会是焕然一新的自己。

当然，这样的辩解多少带有自我宽慰的意味在里面，毕竟，那样一个雄情豪迈的人，倘若只是一两日的纵情山水，还可以全然当作是为了放松心情和赏略风景。但对于辛弃疾来说，未来的路究竟是怎样的朝向，他是真的一点把握都没有。要是真让他每日都面对着这些田园生活，家长里短，就绝对不是享受，而是束缚。那时候，恐怕就真的要哀叹“追往事，叹今吾，春风不染白髭须。却将万字平戎，换得东家种树”的物是人非了。可正是因为前途的不可测，才能给予人期待，辛弃疾不知道之后的路应该配上怎样的步伐，才能上对得起皇恩，下对得起黎明百姓，但至少此时此刻，关于隐居，他不那么反感。那就这样放开步子走吧，船到桥头自然直。

02 | 带湖吾甚爱

虽然，属于辛弃疾的这次归途多少带了点被动的意味，但还好有来自朋友的关心和劝慰，稍缓了他心中的郁结。由于这次新居的入住有些仓促，辛弃疾来到带湖后，不得不忙于新居布置的各项事务。等辛弃疾彻底安顿下来，那段难熬的日子早就过了许久。

因此，当辛弃疾看着身后的新居时，心中的感慨多于悲伤。这样一处美景将在未来的岁月中全然绽放在自己眼前，其实也是有几多新鲜与自在在里面的。在山前栽点苍翠的树木，期望着哪日有参天之貌；于屋后种上一些日常小菜，盼着日后好的收成能给予收获的喜悦；当然，还要在屋前栽些花花草草的，让色彩艳丽的花朵们带着馥郁的芬芳点缀每日的心情。

倘若生活能随着这般悠闲，一直往前，其实也甚好。

当初，辛弃疾几乎是不假思索就做出了在带湖边上修房子的决定。“郡治之北可里所，故有旷土存，三面傅城，前枕澄湖如宝带，其从千有二百三十尺，其衡八百有三十尺”的地理位置，有着三面靠城，一面朝湖的绝佳视野，再加上湖泊面积的宽广，能带来清新空气的同时，也能使人们的心胸得到舒展。

更难能可贵的是，虽然很多人赞赏过这里得天独厚的景色，却始终没有人在这里修建居所。所以，辛弃疾可算得上是这一带唯一的主人了。

“一旦独得之，既筑室百楹，财占地什四。”不过，就算这样的独得，上百间的房子也才占了那里的十分之四，可见此地地势之宽广。既然有了如此无垠的宝地，辛弃疾当然也不会浪费大自然的这番馈赠。所以，辛弃疾干脆把屋子左边的荒地开辟成了园地，齐齐种上了近十弓的稻谷。“稻田泱泱，居然衍十弓”，如此一来，不依靠那“五斗米”的施舍，也能酒足饭饱。

除却这十弓地的稻田外，辛弃疾这处新居拥有的还有很多，“东冈西阜，北墅南麓，以青径款竹扉，锦路行海棠。集山有楼，婆娑有室，信步有亭，涤砚有渚”。

东有山冈，可以尽极目远望之兴；西有土山，可以享登高之乐；北边的田舍，南边的山脚，可以顺着青石铺就的小路，听着竹林随风而起的“沙沙”声，与路边的海棠一起共眠。放眼望去，似乎还能在群山隐隐约约地缝隙中窥探出几座阁楼的样貌，在树影婆娑的阴影中发现零星房屋的样子。闲来无事，闲庭信步，也能在无意间发现凉亭的影子，就连文人笔墨洗涤的小水砚也随处可见。

这样看来，处在带湖边上的这处新居，确实像是为辛弃疾量身而造。这也难怪新居刚竣工，辛弃疾环顾一周后就调侃道，“他日释位得归，必躬耕于是”。似乎觉得自己退位以后，如若能在这里耕作，倒也是难得的体验。只是没想到，自己可以那么快将这些梦想变成触手可及的现实。

辛弃疾忙于新屋的改造，暂时也没有心思去焦虑国家的未来，或自己的命运。仿佛每日都有忙不完的事情需要去处理，虽然有些许的手忙脚乱，但对于这些年一直忙于官场俗事的辛弃疾来说，这些完全陌生的房屋修建、规划一事，还是让他产生了好奇和兴致。总体来说，辛弃疾这段时间过得满是惬意，对于这个地方，他也是甚为满意。

带湖吾甚爱，千丈翠奁开。先生杖屦无事，一日走千回。凡我同盟鸥鹭，今日既盟之后，来往莫相猜。白鹤在何处？尝试与偕来。

破青萍，排翠藻，立苍苔。窥鱼笑汝痴计，不解举吾杯。废沼荒丘畴昔，明月清风此夜，人世几欢哀？东岸绿阴少，杨柳更须栽。[1]

不得不说，如今他最爱的就要属这带湖了。那随风荡漾开来的碧波，就像那缓缓打开的镜匣一样，于缝隙中绽放出晶莹剔透的绿光来。这样震撼的风景正好适合最近闲来无事的他，没事的时候就拄着拐杖，顺着湖的边沿，走上一遭。可奈何这沿途的风景太过优美，不由得让人心生留恋，所以一天下来，有时走上千百回，似乎

[1]摘自辛弃疾《水调歌头·盟鸥》

也不觉得乏味。

就连盘旋在这旖旎碧波上的鸥鸟，他都想与之结成联盟，这样他们就可以在以后的日子里常来常往，一起共赏美景，一起相依相伴，所以，鸥鸟们啊，既然盟约已缔结，就不要再互相猜疑了。对了，如今那些白鹤都去了什么地方？能否把它们也一起叫过来，这样我们就可以共享这天地的舒畅与唯美了。

可是，为什么这些鸥鸟都置他的深情呼喊于不顾，只是静静地立在湖畔的苍苔上，时而伸出前爪拨一拨青绿色的浮萍，时而又用后爪去动一动漂浮的绿藻，玩得不亦乐乎。看来，这些鸥鸟们正忙着窥探小鱼的踪迹，以便早日将它们纳为自己的盘中餐。看来，这些鸥鸟对他的好意邀请视若无睹，它们是不是还在悄悄地嘲笑着他的痴情与厚意。

原来，这些鸥鸟们都不是他的知己，它们还不懂他此时此刻想要分享的情怀。不懂就不懂吧，想当初这里还只是一片废弃不堪的池沼和萧瑟破败的荒地，如今却已变成了清风明月笼罩下的良居。所以，这世上的万物，这人间的悲欢，又有什么是一成不变的呢？既然这些鸥鸟不领他的情，那他还不如将心思都花在这湖畔的堤岸上，多种些杨柳，让湖东略显萧瑟的绿荫，在垂柳依依的飘荡下，变得越加可人起来。

日子过得很是闲适与惬意，辛弃疾也就没必要再作茧自缚，将自己束缚在忧国忧民的大环境中。不过，虽暂别了官场，但这并不代表独居一隅的他就失了鸿雁的往来。闲下来的他反倒多出了许多时间，用在与朋友的酬唱中。

春日最当头时，可以与友交换心情，让春风最美好的吹拂，成为彼此最厚重的情谊。

寄我五云字，恰向酒边来。东风过尽归雁，不见客星回。闻道琐窗风月，更著诗翁杖履，合作雪堂猜。岁旱莫留客，霖雨要渠来。

短檠灯，长剑铗，欲生苔。雕弓挂无用，照影落清杯。多病关心药，小摘亲鉏菜甲，老子正须衰。夜雨北窗竹，更倩野人栽。[1]

寄来的云字锦书，带着微微酒的香气随风而来，只是这样的东风带走了归雁的踪迹，却没将友人你的身影唤来。不过，这样也好，我可以直接凭着窗外的皎皎月光，给你讲讲我这个老头拄着拐杖在雪夜中徘徊的诗情和画意。也许，看着挂在墙上已经被锈迹折磨得斑驳的长剑，自己心头还是有些唏嘘。也许自己日渐羸弱的身躯，也到了与菜园、畦田相依为伴的时候了。那就顺着这样的日渐衰老，让早些年没享受过的闲情逸致，成为不惑之年后缓缓流动的风景。因此，在春日里完成与严子文的唱和后，辛弃疾接下来又开始了和另一个好友杨炎正的酬唱。

点检笙歌多酿酒。蝴蝶西园，暖日明花柳。醉倒东风眠永昼。

[1]摘自辛弃疾《水调歌头·严子文同傅安道和前韵，因再和谢之》

觉来小院重携手。

可惜春残风雨又。收拾情怀，长把诗僝僽。杨柳见人离别后。腰肢近日和他瘦。[1]

在微醺酒味弥漫的蝴蝶西园，因着和煦暖日的照耀，加上杨柳飘飞的美妙，这也难怪辛弃疾会有了醉倒在东风下的想法。似乎，就在这似梦非梦间，那些于庭院中和朋友携手赏月的情景就那般清晰地再现了。只是，辛弃疾还没来得及将春日的浪漫幻想进行到底，来自春风急雨的袭击却将这样的诗意画面摧残到了极致。就连之前还在春风中摇曳的杨柳，也在离别后，开始了“为伊消得人憔悴”的历程。

春日最忧离别，辛弃疾没想到自己刚给杨炎正饯完行，为之消瘦了一次。却在不久后，迎来了自己大舅子的离别。没办法，既然离别的气氛已经在春日里漫天飞舞了，那就让这次的送别诗也来得更猛烈些吧。

泪眼送君倾似雨。不折垂杨，只倩愁随去。有底风光留不住。烟波万顷春江舻。

老马临流痴不渡。应惜障泥，忘了寻春路。身在稼轩安稳处。书来不用多行数。[2]

[1]摘自辛弃疾《蝶恋花·和杨济翁韵，首句用丘宗卿书中语》

[2]摘自辛弃疾《蝶恋花·继杨济翁韵饯范南伯知县归京口》

之前只是望着垂柳默默哀伤的辛弃疾，这回干脆直接用泪眼婆娑来表达自己的感伤了。似乎，折枝杨柳送别已经没有任何意义，毕竟他缓缓离去的背影就如那留不住的春光，终究要随着烟波万顷彻底烟消云散。只盼望着，去到京口的范如山，还能记得在带湖边上的自己，偶尔来信关怀，话不一定要多，只要记得就行。

这就是属于辛弃疾的带湖生活，春日遣走有关离别的种种，让舒畅的心情经历哀伤的洗礼。等到了五月的槐花时节，还能给朋友韩元吉送上生日的祝福，只愿“一杯千岁，问公何事，早伴赤松闲？功业后来看，似江左、风流谢安”[1]，这样的豁达能相伴元吉到老。

或是为着朋友的升迁而送上自己由衷的祝福，“旋制离歌唱未成。阳关先画出，柳边亭。中年怀抱管弦声。难忘处，风月此时情。夜雨共谁听。尽教清梦去，两三程。商量诗价重连城。相如老，汉殿旧知名。”[2]。

要不然，随着季节的变化，就这样接受自然给予的馈赠，来一场冬日洋洋洒洒的银雪之旅。当然，欣赏这样一场“忽如一夜春风来，千树万树梨花开”的盛景，还是要同友人一起，才显得更加有韵味。所以，就用这些相互唱和的诗词来纪念他们相聚一堂的欢愉吧！

[1]摘自辛弃疾《太常引・寿韩南涧尚书》

[2]摘自辛弃疾《小重山・席上和人韵送李子永提干》

兔园旧赏，怅遗踪、飞鸟千山都绝。缟带银杯江上路，惟有南枝香别。万事新奇，青山一夜，对我头先白。倚岩千树，玉龙飞上琼阙。

莫惜雾鬓风鬟，试教骑鹤，去约尊前月。自与诗翁磨冻砚，看扫幽兰新阕。便拟明年人间挥汗，留取层冰洁。此君何事，晚来还易腰折。[1]

这样的悠然自得，这般的闲情惬意，辛弃疾似乎渐渐习惯了属于带湖的隐居生活。无风相伴的夜晚，在独酌中学会与明月邀歌而眠；清风拂面的清晨，在漫步中试着与白鹭隔空对话；携友同行的时光，在欢喜中享受人生几何的畅快。人生似乎就这样变得轻松而有意义起来，那些关于官场的勾心斗角、阿谀奉承，也就只能成为回忆的片段，与现在的欢娱毫无关系。

[1]摘自辛弃疾《念奴娇·和南涧载酒见过雪楼观雪》

03 | 鹅湖风月

将这样的闲散时光以唱和的方式度过，虽然友情的分分秒秒已然记录在档，但辛弃疾内心还是有一点失落在蔓延。毕竟，对于远离尘嚣的辛弃疾来说，倘若能在自己的居地上迎接这样一场时光的相聚，想必才能算得上是真正的幸福吧。

所以，当辛弃疾收到好友陈亮要来拜访自己的消息后，整个人就处于一种莫名兴奋的状态中。也许，对于如今的生活状态来讲，招待这个话题似乎还略显寒酸，但属于辛弃疾的那颗真挚等待的心却是实实在在的。他想要朋友领略的，除却属于这里的自然景色外，更重要的是，他想要朋友们亲眼见证他生活的安逸与自在，不必为着自己的罢职而哀叹和不值。

只是由于路途遥远，就算陈亮即刻动身，到达辛弃疾所在的“世外桃源”也要花些日子。所以，陈亮将到访的时间定在了这一年的秋天，虽然不能一同赏玩春日的碧波荡漾，或是体会夏日的沁人心脾，但至少他们可以一起感悟“秋水共长天一色”的震撼，观看“落霞与孤鹜齐飞”的苍茫，如若时间允许，他们甚至有机会一起围炉夜话，让窗外缓缓飘落的雪花见证他们天长地久的友谊。

可是，当辛弃疾将满心的期待都放在一日又一日的等待中时，陈亮却杳无音信了。如果说，秋日前的等待，辛弃疾还能保持着希冀的喜悦。那么，越过秋收后，秋天的萧瑟也就随之而来了，特别是当冬天的彻骨冰寒缓缓袭来后，辛弃疾心中的绝望竟有了越演越烈的趋势。

对于陈亮的爽约，辛弃疾心中是失望的，毕竟，等待是件漫长而煎熬的事。可是，辛弃疾心中更多的是担心。对于好友的脾性，他还是十分了解的，陈亮要不是遇到什么棘手的事，定然不会无故缺席的。思及此，辛弃疾越发担心起来。

当陈亮的消息终于在第二年开春后传入辛弃疾耳中时，辛弃疾这才相信所谓“没有消息才是最好消息”的真实性。因为，辛弃疾等来的竟是陈亮被捕入狱的消息。虽然，陈亮入狱是被冤假错案牵扯进去的，但想要从大理寺的刑房中安稳地出来，还是需要花费一番工夫的。如今，辛弃疾处于免官闲居在家的状态，对于官场的疏通已然没了直接的影响力，所以只能间接入手，竭力地帮助陈亮免于牢狱之灾。幸好，陈亮一向以豪爽待人，这次冤屈入狱，除了有辛弃疾默默帮助外，罗点、赵汝愚等人也都在为陈亮积极地奔走着。所以，虽然花了些许时日，但最终这件事还是得到了圆满的解决。

稍稍安下心来的辛弃疾，自然有了可以继续沉醉在清风拂面、湖光天色享受中的心情，而那些与朋友相互唱和的情景当然也是必不可少的。今日，与友人弹琴作乐，和着琴声的悠扬高歌一首，让高山流水般的浅吟低唱，成为他们相聚相亲最动人的见证。

千丈阴崖百丈溪。孤桐枝上凤偏宜。玉音落落虽难合，横理庚庚定自奇。

人散后，月明诗。试弹幽愤泪空垂。不如却付骚人手，留和南风解愠诗。[1]

或是，于他日，当大雪纷飞迷离双眼时，用登高看远的姿态，将所有银色的景象都尽收眼底，再将这样的景象深深刻入脑海。

莫上扁舟向剡溪。浅斟低唱正相宜。从教犬吠千家白，且与梅成一段奇。

香暖处，酒醒时。画檐玉箸已偷垂。笑君解释春风恨，倩拂蛮笺只费时。[2]

既然有了齐聚一堂的把酒言欢，也自然会有杨柳惜别的十里相送了。特别是当这样的送别落脚在为仕途冲刺时，鼓励与祝福就显得尤为重要了。

[1]摘自辛弃疾《鹧鸪天·徐衡仲惠琴不受》

[2]摘自辛弃疾《鹧鸪天·用前韵，和赵文鼎提举赋雪》

白苎新袍入嫩凉。春蚕食叶响回廊。禹门已准桃花水，月殿香收桂子香。

鹏北海，凤朝阳。又携书剑路茫茫。明年此日青云上，却笑人间举子忙。[1]

值得一提的是，就在辛弃疾居住的带湖周围，有一处在当时就特别出名的地方，那便是鹅湖。它的广为人知，除却它本身难以复制的优美风景外，还在于它深厚的文化渊源。乍听之下，也许很多人会在脑海中不自觉地浮现出一弯碧波的模样。但严格说来，这是一座山的名字，只是因着山上有湖，并且在晋末年间，有龚氏者大量畜鹅于此，才得了鹅湖山这样一个名号。

秀美清净的景色只是鹅湖鲜为人知的铺垫，真正让它闻名遐迩的还要从淳熙二年说起。当时，在“理学”这一块颇有研究的朱熹、吕祖谦、陆九渊、陆九龄等人相聚于鹅湖山上的鹅湖寺，对知识有着强烈渴望的他们就客观唯心主义和主观唯心主义的论题展开了激烈的讨论。接着，他们就着这个话题，在鹅湖寺开始了各自的讲学，让更多的人参与到这场辩论中，也让更多对这个话题有兴趣的文人志士们慕名而来。于此，鹅湖就有了自己的声誉和知名度。

而几乎与这样一方宝地毗邻而居的辛弃疾，自然不会错过亲自踏访鹅湖的机会的。所以闲来无事时，辛弃疾便去鹅湖爬山，让翠绿在眼中激起生命的亮色，也让身体随着呼吸的节拍有着越加硬朗

[1]摘自辛弃疾《鹧鸪天·送廓之秋试》

的可能。

一榻清风殿影凉。涓涓流水响回廊。千章云木钩辀叫，十里溪风罢稏香。

冲急雨，趁斜阳。山园细路转微茫。倦途却被行人笑，只为林泉有底忙。[1]

满榻的清风，一溪的流水，眼中连续出现的绿色飘带，鼻中连绵不断闪过的稻米香，生活似乎就这样成为一步一个天堂的美好。

不过，有的时候，景色太美，也太容易让人深陷其中，不易自拔。也许，再加上点好酒小酌的美妙，那滋味，就算酒不醉人，人想不醉都不行啊。只是，辛弃疾这醉酒后的反应，着实令人哭笑不得啊。

春入平原荠菜花，新耕雨后落群鸦。多情白发春无奈，晚日青帘酒易赊。

闲意态，细生涯。牛栏西畔有桑麻。青裙缟袂谁家女，去趁蚕生看外家。[2]

又一个春日的光临，绽放在平原之上的荠菜花，传达出了勃勃的生机。恰逢春雨过隙，透过泥土散发出来的气息，就连乌鸦们都

[1]摘自辛弃疾《鹧鸪天·鹅湖寺道中》

[2]摘自辛弃疾《鹧鸪·游鹅湖，醉书酒家壁》

忍不住探下身来，于新土中欢快地寻觅着。不过这突如其来的愁闷，究竟是从何而来，为何还能染透一头白发呢。无所适从，但并不意味着无计可施，抬眼望去，那飘荡在春日中的酒旗似乎正在摇手呼唤。看来，唯有喝到这里摇晃出昏黄灯光为止，才能将这股莫名的无奈压制下去。

村民们或三五知己聚在一起说着东家长李家短，或就这样躺在露天坝享受着和煦的日光浴，一片悠然自得的样子。他们不用趁着这春光正好的时节，急着忙农活，因为勤劳的他们早就将桑麻种满了田埂，而离春播还有一段时间。所以，就连年轻的农妇都穿上了如春般颜色的清裙，趁着桑蚕抽丝前的闲暇，回娘家看看。

四周优美而清新的环境给辛弃疾带来了生活的惬意，简单而淳朴的生活则给辛弃疾送去了心灵的洗礼。家人嘘寒问暖的关怀，让他一度觉得天伦之乐也就是这样了。但辛弃疾毕竟已经在不惑的年月中行走了大半个历程，体质每况愈下，有时候也不得不承认。这次才从鹅湖游玩归来的辛弃疾，一路上只顾着玩乐的尽兴，却将自己年迈的身子骨抛到了脑后，病痛也就随之而来了。

枕簟溪堂冷欲秋，断云依水晚来收。红莲相倚浑如醉，白鸟无言定自愁。

书咄咄，且休休。一丘一壑也风流。不知筋力衰多少，但觉新来懒上楼。[1]

[1]摘自辛弃疾《鹧鸪天·鹅湖归，病起作》

想来是老天在责罚他之前太过随意的游走吧，不然也不会让他如今只能躺在凉席上，看流云飘过，看黄昏燃尽每一朵白云。窗外，带着丝丝娇艳的红莲正依偎在一起，就像带着几丝微醉的姑娘们，相互倚着一样，而稍远处的白鸟们，正立在水边，或许正陷入莫名的惆怅中。哎，还是不要再怨天尤人、自怨自弃了。与其像殷浩那般，对着天空大发怒气，还不如将目光停留在此处的山水中。让这一丘一壑成为自己隐居的喜乐，心中足够洒脱，便自有风流走进生命里。不过，这些风流也好，潇洒也罢，看来还只能留到身子骨硬朗以后了。他现在都不知道自己究竟衰减了多少精力，怕是连上楼都费劲了吧。

可奈何辛弃疾又是一个闲不住的人，虽然病痛缠身，一旦有精神，他就要找点事情来消磨时间。下不了地，他就作诗赋词，不能外出，他就让屋外的春日在他的笔下缓缓流淌出来。

着意寻春懒便回，何如信步两三杯？
山才好处行还倦，诗未成时雨早催。
携竹杖，更芒鞋。
朱朱粉粉野蒿开。
谁家寒食归宁女，笑语柔桑陌上来？[1]

[1]摘自辛弃疾《鹧鸪天·鹅湖归，病起作》

由春日洒下的希望，就这样带着阳光的身影悄悄地走进了辛弃疾的屋里。其实，有时执意的找寻春天恐怕还没那么容易，还不如且行且珍惜，让信步而来的酒家成就自己小酌两杯的惬意。让山间的清风阵阵，连同春雨的清新就这样成为呼吸的味道。然后，凭着记忆，想象着远处的野蒿已然有了粉粉嫩嫩的花色在摇曳，就像那迎面而来的新妇，带着春日最柔软的笑容，缓缓而来。

辛弃疾独自在病床上都如此不“安分”，当友人带着探病的问候纷纷而来时，辛弃疾又怎能不表达一下自己的感激之情，赋词相送呢！

曲几蒲团，方丈里、君来问疾。更夜雨、匆匆别去，一杯南北。万事莫侵闲鬓发，百年正要佳眠食。最难忘、此语重殷勤，千金直。

西崦路，东岩石。携手处，今陈迹。望重来犹有，旧盟如日。莫信蓬莱风浪隔，垂天自有扶摇力。对梅花、一夜苦相思，无消息。[1]

幸而，辛弃疾隐居的地方还是有些偏僻，所以前来探病的人不算太多。因着身体的暂时休整，他只好告别鹅湖的山山水水，转而又徘徊在带湖的沿岸，在漫步行走中，增强自己的体质。

[1]摘自辛弃疾《满江红·病中俞山甫教授访别，病起寄之》

04 | 目遇之而成色

虽然，辛弃疾从来没赋予这种随处旅行以怎样的意义，在意的只是双眼掠过后的满足，但是当辛弃疾在奇师村无意中发现一汪清泉时，不断涌现出的讶异与欢喜，还是让辛弃疾不由得生出感动的情怀。其实，那儿的景色并没有鬼斧神工到震人心弦，就是一弯泉水静静地流淌。可就在这样不悲不喜的流淌中，他仿佛窥见了一份只他一人知晓的神奇，无可言喻，却又百转千回。

为了不让这样的心情最后成为随风消逝的牺牲品，辛弃疾即兴赋词一首，只为留住这难得的惊喜。

飞流万壑，共千岩争秀。孤负平生弄泉手。叹轻衫短帽，几许红尘，还自喜，濯发沧浪依旧。

人生行乐耳，身后虚名，何似生前一杯酒。便此地、结吾庐，待学渊明，更手种、门前五柳。且归去、父老约重来，问如此青山，定重来否。[1]

千岩竞秀间，水流顺着岩石的参差而飞落，溅起的水花在空中炫舞一圈后，又悄悄地回到深潭中，似乎它们飞迸得越高，落下的基地就越深一样。之前听人说过的“平生不会相思，才会相思，便害相思”，而今不能辜负的，便是这一泓泉水。以前感叹过的轻衫短帽，红尘几许，原来并不是平生所不能辜负的。

虽然，红尘中有太多的牵绊，幸而有这一汪清泉，沧浪依旧，自己那颗向往清涧的心也还在。人生路程上的虚名假利，又怎比得上当下一杯酒的欢乐。就这样吧，在这里，结庐而居，随着渊明的脚步，在这山清水秀的宝地，亲自种上五棵柳树。

这样是不是就能拥有整个世界的欢娱呢？只是，现在还不是以天为盖，以地为庐的好时机，不如归去后，抱着最美好的回忆，等来日，约伴父老乡亲，共享这份自然的礼物，那时的青山又会送上怎样的拥抱呢？也许，还不能妄加猜测，但内心的期待早就有了坚定的选择，那时的风景又怎会平白辜负呢。

回到居所的辛弃疾，并没有因着这次的偶遇而产生即刻行动的想法，毕竟，关于应酬，他总是有太多被邀请和邀请的理由。而这期间，与他交游颇多的就要数范开了。他们一起在南岩边上“笑拍洪崖”，猜测着是谁让这样的翠岩成为了那如刀劈过的山峰千丈。

[1]摘自辛弃疾《洞仙歌·访泉于期思，得周氏泉，为赋》

或是遥望山下依旧不变的“西风白马，北村南郭”，于炊烟袅袅时，感叹“觉人间、万事到秋来，都摇落”的微微悲凉。幸好他们有彼此为伴，所以只需“呼斗酒，同君酌”后，那些关于隐居的微微美好便瞬间占了上风。也许，当他们沉浸在幽静、隐秘的山谷中享受鱼之乐时，会在不经意地抬头间，看见“飞鸟却应人，回头错”[1]。

除却文人必备的游山玩水外，辛弃疾和范开对于赏花观雪这类的雅事自然也是非常热衷的。赏花于绽放那一刹那的妖冶多姿，观雪在洋洋洒洒间，于最高处缓缓落下的凄美与优雅。

对花何似，似吴宫初教，翠围红阵。欲笑还愁羞不语，惟有倾城娇韵。翠盖风流，牙签名字，旧赏那堪省。天香染露，晓来衣润谁整。

最爱弄玉团酥，就中一朵，曾入扬州咏。华屋金盘人未醒，燕子飞来春尽。最忆当年，沉香亭北，无限春风恨。醉中休问，夜深花睡香冷。[2]

天上飞琼，毕竟向、人间情薄。还又跨、玉龙归去，万花摇落。云破林梢添远岫，月临屋角分层阁。记少年、骏马走韩庐，掀东郭。

吟冻雁，嘲饥鹊。人已老，欢犹昨。对琼瑶满地，与君酬酢。最爱霏霏迷远近，却收扰扰还寥廓。待羔儿、酒罢又烹茶，扬州鹤。[3]

[1]摘自辛弃疾《稼轩词·满江红·游南岩和范廓之韵》

[2]摘自辛弃疾《念奴娇·赋白牡丹和范廓之韵》

[3]摘自辛弃疾《满江红·和廓之雪》

辛弃疾的隐居与避世，并不代表辛弃疾丝毫不问时势，与红尘世界毫无关联。他只是将心沉淀在这一方山水中，在寻找与陶醉中，发现生命另一层的含义。所以，对信州守郑汝谐早有耳闻的辛弃疾，慕名前往拜访的赫赫有名郑汝谐，因为他觉得自己非常有必要从这样的官方人士口中知晓朝廷的动静，天下的走向。

郑汝谐是一位有着豪迈胸怀的志士，一番谈论下来，志趣相投的两人相见甚欢，遂结为好友。两人更是于分离后，书信往来，开始了以文酬情的唱和生涯。

万事到白发，日月几西东。羊肠九折歧路，老我惯经从。竹树前溪风月，鸡酒东家父老，一笑偶相逢。此乐竟谁觉，天外有冥鸿。

味平生，公与我，定无同。玉堂金马，自有佳处着诗翁。好锁云烟窗户，怕入丹青图画，飞去了无踪。此语更痴绝，真有虎头风。[1]

诗中，辛弃疾叹言，就要年过半百，白发虽还未发展到似霜如雪的程度，但年华飞逝，却已经有了深刻而实在的体会。幸而，已近年老体衰的他，还能于山间的小路上走走停停，这羊肠九曲的弯路，终究在他日日的行走下，变得熟悉而轻快起来。也许，在他人生的路途中，他曾遭遇了不少的曲折和弯道，甚至就连如今的闲暇都刻上了弯曲的印记，但"塞翁失马，焉知非福"，这里给予他的

[1]摘自辛弃疾《水调歌头·和信守郑舜举蔗庵韵》

除了安居的平和外，还有如此多的美妙与静谧值得他去珍惜和找寻。

记忆中，那些曾在他眼前一一铺展开的竹林与溪风，那些曾在他生活里演绎过的好客老伯，都是他生命中难以忘记的偶遇。深埋在这里的淳朴与祥和，并非只有这翱翔天际的鸿雁才明白，人们只是不愿用单薄的语言描述出来，因为每一个用心在这里生活过的人，定然都能感受到独属于这里的韵味。所以，将爱放在心里，便是对这里最大的回报。

现如今，他又于此处寻获挚友，虽然他们最开始素昧平生，但却因着一见如故的缘分，生发出无限的情谊来，这怎能不让人觉得欢喜和满足。更何况，这个朋友不仅才干出众，还拥有难得的清正廉洁的作风。将自己富丽堂皇的官邸留守在城内，自己却在山间最朴素处寻觅一处山庄，自然地与山民成为了邻居。如此难得的高尚情怀，怎能不令人敬佩。

当这样的酬唱带着欢乐与舒畅成为每想一次，就温暖一次的回忆后，辛弃疾便在如此心境下开始了又一次的找寻之路。毕竟，奇师村那泓清泉的偶遇，不仅让辛弃疾内心溢满了对自然的感慨，也让他对于寻觅有了越加好奇的冲动。所以，在博山安顿好自己的书舍后，辛弃疾就开始了于博山寻找惊喜的历程。既然辛弃疾都将真心与期待如此托付了，博山自然也不会辜负他。

所以，还未等辛弃疾将博山的美景尽收眼底，就单单道途中的一方岩壁，便让辛弃疾收获了感悟。

少年不识愁滋味，爱上层楼。爱上层楼，为赋新词强说愁。

而今识尽愁滋味，欲说还休。欲说还休，却道天凉好个秋！[1]

人到中年万事休，虽很难再有掀起滔天巨浪的精力与志气，可脑中的回忆与反省却会将之前所有痛过的、笑过的都过滤一遍。为着之前的幼稚也好，浅显也罢，默默喟叹。犹记得那年的自己，意气风发，激情澎湃，无论是对正在经历的，还是存于设想中的，都赋予了强烈的美好期待。那时之于愁绪的了解总是过于直接和单薄，以为登上城楼，望着国土的破碎，将那样的忧愤填充在字里行间，便是内心最不能承受的哀愁了。

殊不知，一番沧海桑田后，才知晓那种彻骨的惆怅终会随着时间的沉淀，有越发醇厚的滋味，当然也就有了越不为人知的酸楚。如今尝遍了愁滋味，却怎样都说不出来了，因为有了对愁绪的彻底理解，关于人生的体悟也到了足够成熟淡泊的地步。所以，才知晓那份独属于人生的伤愁，不必言传，只能各自意会。不如就此接受这秋日的天高与气爽，在“晴空一鹤排云上，便引诗情到碧霄”的良辰中，享受现在。

当然，引起辛弃疾满身体会的，不止这半道中的一方岩壁，真正的岩石，真正属于博山的礼物，那块有着雨水默默滋润的岩石，还静静地等候着辛弃疾的大驾光临。不过，辛弃疾也丝毫没辜负这

[1]摘自辛弃疾《丑奴儿·书博山道中壁》

样一番深情的等候，在见面后不久，便用一个个生动而形象的词藻，堆砌了出来。

近来何处有吾愁？何处还知吾乐？一点凄凉千古意，独倚西风寥廓。并竹寻泉，和云种树，唤作真闲客。此心闲处，不应长藉邱壑。

休说往事皆非，而今云是，且把清尊酌。醉里不知谁是我，非月非云非鹤。露冷风高，松梢桂子，醉了还醒却。北窗高卧，莫教啼鸟惊着。[1]

也许，愁绪还未完全散去，关于自己那颗闲散太久的心，似乎已然感觉到了闲闷的烦躁。想早点逃离，却无计可施，于是只能借着这雨岩的屏障，在醉后斜躺于上，换梦中的安然一觉。不过，关于雨岩的魅力，总会在一个心情舒畅的时间里被书写，留下游玩人的痕迹。后来，辛弃疾还写了一首《生查子·独游雨岩》。

溪边照影行，天在清溪底。天上有行云，人在行云里。
高歌谁和余？空谷清音起。非鬼亦非仙，一曲桃花水。

潺潺流过的溪水，凭着它那清澈见底的姿态，轻而易举地就将行走在溪水边上的辛弃疾纳入进去了。而他的倒影就这样随着水波的旖旎而荡漾开来，也许是受着如此明澈景象的吸引，就连飘荡在

[1]摘自辛弃疾《念奴娇·赋雨岩，效朱希真体》

天边的白云也情不自禁地投下了自己的影子。于是，辛弃疾瞬间就有了行走在云端的感觉，似乎就这样伸手一抓，就会有悠悠的云朵从指缝间偷偷溜走一样。遗憾的是，想要大声呼喊出自己心情的辛弃疾，却没能在这空旷之处寻找到可以分享的知己。不过，他还可以独自高歌一曲，让桃花深水中有他的声音在回荡。

是谁曾这样说过，“惟江上之清风，与山间之明月，耳得之而为声，目遇之而成色；取之无禁，用之不竭”，辛弃疾不知道之于清泉或是雨岩的相遇，究竟是偶然还是命定，但不可否认的是，它们带给他的都是一种无与伦比的感受。这些从他双目中一晃而过的风景，终会留下痕迹，然后在某个怀念的日子里，带来温暖的回想。

05 | 人不堪忧，一瓢自乐

那些曾在游玩，赏景的路途中散发出来的开心也好，惆怅也罢，辛弃疾都用自己的行动作出了诠释或消解。也因此，即便这几年的隐居生活穿插了太多的五味杂陈，但辛弃疾对这些挣扎的情绪都做了很好的清理，剩下的便只有心思的清淡，与认知的成熟。他也不是掀不起任何的旖旎，只是关于旖旎的荡漾，没了当初那般急切的冲动，所以开始习惯以淡泊的姿态去面对所有的悲与喜，也开始学着将生命途中遭遇的悲哀与惨淡抛在脑后，然后将那些小的满足与幸福用最感恩的姿态，保存在剩下的生命历程中。

辛弃疾觉得唯有如此才能拥有更美好的世界。所以，对于自己早些日子寻觅到的那泓清泉，又有了新的想法，既然它是一片清欢的来源，何不让这样的清淡欢愉成为自己的归属。辛弃疾向来都是行动派，即便体力已经成为他现在不可逾越的障碍，但他行动的决心却丝毫未减。打听到清泉属于周氏后，辛弃疾便开始了自己的游说。因为这样的游说，少了利益的韵味，加之辛弃疾无数次拜访的诚意，周氏也就遂了辛弃疾的期盼，将清泉卖与他。

拥有了这汪清泉的辛弃疾如获至宝。他生怕自己压抑不住的内心欣喜，给清泉留下不好的印象，于是便小心翼翼、虔诚地打量这汪属于他的清泉。自然，于这汪清泉，他又有了新的认识，面对着“其一规圆如臼，其一规直若瓢。周围皆石径，广四尺许，水从半山喷下，流入臼中，而后入瓢，其水澄可鉴”[1]的绝妙清泉，辛弃疾除了想感叹其形状上的独特外，对于其周边的摆设也极为满意。清泉周围如此宽阔，可以容纳太多之于完善它的设想了。那从天而下的流水，虽还不至于带来“黄河之水天上来”的磅礴气势，但至少带来了急流直下的飞溅的特殊感观。

清泉给辛弃疾带来了如此一番新颖而又惊艳的体验，他不愿辜负清泉的这番美色与厚意，也不愿让这处清泉在时间的消磨与主人的更换中，渐渐失了自己的特色，成为被世间遗忘的死水，于是决定赋予这汪清泉独特的名字，长留于人民的记忆之中。经过几番思索，因着它无可争议似瓢的独特形状，辛弃疾决定将其命名为“瓢泉”，寄予了这方清泉以安贫乐道的期盼，所谓“一箪食，一瓢饮，在陋巷，人不堪其忧，回也不改其乐，贤哉回也”是矣。

想当初，颜回即便每天身居于破败不堪的屋子，过着极度清苦的日子，却始终保持着淡然的态度，不悲不躁，安然地接受如此清贫的生活，并在这样的困窘中找寻出保持身心愉悦、灵魂高尚的方

[1]摘自《铅山县志·古迹》

法，难怪连孔圣人也夸他乃真正的贤者。

对于生活这样一种状态，对于这样清贫的一种生活，辛弃疾觉得自己还是有谈论的资本的。毕竟，隐居在山乡角落里的辛弃疾，没有生计来源，几乎只能靠着以前当官时存下来的老本，以及好友时不时的接济。这样的遭遇虽然还不至于困窘到颜回那般地步，但确实不能将富足安在他的头上。

辛弃疾觉得，现在的他更需要学习颜回的心态和气节。虽然，他的心态在时间的打磨下，已经较为淡然，可还是会忍不住回想曾经的辉煌，忍不住抱怨自己的怀才不遇。当然，这并不代表他距离贤者有多大的差距，只是向来豪放的他，突然之间要让他沉寂下来，守着林间山岳默默无闻地过此一生，似乎太过勉强。辛弃疾知晓这其中的因果，于是希望新近得到的这处清泉的泉水，既能成为自己强身健体的源泉，也能成为他越加平和的鞭策。

当然，这样的一番意义深远的命名，倘若少了辛弃疾词赋的记录，似乎也就少了几多深沉意义的托付，也就没了他辛氏独有的味道。所以，为了让“一瓢水”的记刻能够在以后的日子里留下更为深远的意义，也为了让他自己这番心境能够时时保持，关于瓢泉的种种，就这样在辛弃疾信笔挥就中，洋洋洒洒而出。

稼轩何必长贫，放泉檐外琼珠泻。乐天知命，古来谁会，行藏用舍。人不堪忧，一瓢自乐，贤哉回也。料当年曾问，饭蔬饮水，何为是、栖栖者。

且对浮云山上，莫匆匆、去流山下。苍颜照影，故应流落，轻裘肥马。绕齿冰霜，满怀芳乳，先生饮罢。笑挂瓢风树，一鸣渠碎，问何如哑。[1]

辛弃疾慨言，或许早就不应该哀叹长期缠绕着自己的贫困了，否则屋外那泉水叮咚的倾泻声就真的要暴殄了。但是，要让他转过身来，相信乐天而知命的宿命感，似乎又很难做到。毕竟，古往今来，有太少的人知道这其中的奥妙。被人遗忘时，厚积薄发，深藏不露；被人信任时，倾力而出，百折不挠，这是生命最无悔的境界。而之于这样的境界，他还有太长的路需要行走。

但至少，一切还不算太晚，他还可以先就着“一箪食，一瓢饮”的清苦，开始安贫乐道的路程。或许，每日为着油盐酱醋而纠结的日子里，也曾有人疑惑过这样的忙碌不安是否有意义。但当这样的疑问面对内心强大的人时，不堪的反而会是冒昧提问的那方。所以，何不如走上那浮云山上，看匆匆而过的流云。让山下的流水映出岩壁上苍柏的影子，说不定能在浮云上看见那些轻裘肥马，也许这就是这些虚华的实质吧。

那就这样看冰霜洒满山下，然后对着腊梅飘香的皑皑白雪，对饮而酌。是不是，就此拥有独善其身的天下，是不是就可以不再自怨自艾，安然地走过所有的路程。若能如此，便是一个人，独自完美的世界了。

[1]摘自辛弃疾《水龙吟·题瓢泉》

瓢泉带给辛弃疾的感悟，除却这个命名带来的安贫乐道外，还有好多好多。因为瓢泉本身就是一块光洁而圆润的青石，完全可以容下一人的平躺。所以，在夏日炎炎的午后，带着几丝微微的凉意，再加上几声清透的蝉鸣，然后许自己一个惬意的小憩。那时，之于整个人身心的舒畅，绝对是无与伦比的。

辛弃疾当然也觉察到了这样一番美滋美味生活的享受，而恰好在瓢泉的边上，已经有几间小屋围顾四周了。所以，辛弃疾干脆将这几间房屋加上相邻的几块田地都购置到了自己名下，形成一个完整的居所地。这里的环境比起带湖边上，又多了几丝清雅在里面，所以辛弃疾干脆将这里规划成自己的别墅，成为自己避暑纳凉的好去处。

虽然，这样的计划需要太多时间做铺垫，才能还辛弃疾一个美好愿望的实现。但是，既然风景都做了最好的前提了，剩下的布置也就顺其而然。即便辛弃疾将要建筑的别墅还需一番时间，可由此而产生的联想，还是让人忍不住期待起来。几年后，辛弃疾真的在这瓢泉旁搭盖出自己的新居所，广邀好友相聚。

就这样，辛弃疾开始了与瓢泉息息相关的生活。甚至因为有了这汪清泉，他干脆将奇师村的名字也进行了改动，称其为期思。辛弃疾期盼的究竟是新居青砖碧瓦下的美轮美奂，还是大宋未来光景中的统一与辉煌，后人已经无法推测，但人心中总要存些念想，美好才能入驻生命。辛弃疾思念的究竟是远方的朋友，还是自己意气风发的那个姿态，后人也无法揣测，只能够带着由衷的祝福，愿期望与思念都如人愿。

于是，居住在带湖的辛弃疾开始了两头忙碌的历程，而时间于此时也正式来到了辛弃疾知天命的前一年。在辛弃疾眼里，自己该做的事情从来都只有一件，那就是完成大宋统一的惊天伟业，为解救大宋沦陷的子民同胞而鞠躬尽瘁，死而后已。可这似乎已经成为遥不可及的梦想了，毕竟他已经赋闲在家多年，虽有青山绿水相伴，可心中仍有一丝不甘，在这知天命将近之年，他拿什么来告慰那些已逝去的岁月，来酬答自己多年的梦想？恰逢这年，范开将辛弃疾之前的创作的诗词歌赋加以整理编辑，出版了一本《稼轩词甲集》，总算让辛弃疾有了些许告慰，这些文字也算是留下了他全心全意倾心为国的痕迹。

在这本名为《稼轩词甲集》的词集中，布满了范开对辛弃疾的赞赏与倾慕。"虽然，公一世之豪，以气节自负，以功业自许，方将敛藏其用以事清旷，果何意于歌词哉，直陶写之具耳。故其词之为体，如张乐洞庭之野，无首无尾，不主故常；又如春云浮空，卷舒起灭，随所变态，无非可观。无他，意不在于作词，而其气之所充，蓄之所发，词自不能不尔也。其间固有清而丽、婉而妩媚，此又坡词之所无，而公词之所独也。昔宋复古、张乖崖方严劲正，而其词乃复有秾纤婉丽之语，岂铁石心肠者类皆如是耶。"

在范开看来，辛弃疾虽然具有崇高的气节，心怀天下，也曾建立过伟大的功业。但令世人没想到的是，当他将这样的豪气收敛起来，以清疏的才气用以书写诗词时，竟也能获得如此大的成就，看来辛弃疾真的是有着陶渊明一般的才干。也许，正因着这样的磅礴与清淡，那些从辛弃疾笔尖流露出来的词句，才会有着如长乐般的不可捉摸，随意而为，但同时这样的随意又带着春云浮空的行云流水感。而支撑起这些随意而为也自成器的，是辛弃疾的气节，而不是刻意对词赋的做作。所以，这种于豪放大气中盛放开来的清丽雅淡，于磅礴汹涌中间插的婉约妩媚，才是辛弃疾的词风独立于世的存在吧。

或许，生命走到这里，之于辛弃疾来说，似乎也没什么遗憾了。回首过去，有赫赫战功染就过他热血的青春，也曾造福百姓于一方，而如今，就连那些在他生命中时不时留下的感慨也都有人整理出来，集结成册，与后人共赏，自己还有什么不满足的。可是，辛弃疾总还是觉得心里空落落的，似乎还缺点什么，等着自己去争取。

06 | 方看竹马戏，已作薤露歌

幸而，这样一股无以言说的不安感，还没来得及将辛弃疾的心理完全摧毁，就在自己的居所中，迎来了好友陈亮的拜访。认真算起来，自上次陈亮来信说好要来后，至今已有整整五年的光景了。五年的时光，其实真的不能算短，而这五年间，他们彼此身上也都发生了太多的事情。但值得庆幸的是，那一份留存在他们之间的友谊，却始终未变。

这几年未见的空白没能洗刷掉关于他们内心关于彼此的认同，反倒是像久酿的陈酒一样，越上年头，越有令人回味的滋味在其中飘荡。所以，越是这样难得的相见，辛弃疾寄予这场见面的期望就高，似乎是想要将这五年积累下来的思念全部释放出来一样。

陈亮是在这一年的冬日才抵达的，辛弃疾此时的心境却有了夏日般的热烈。虽然，在这个乡野之地，他实在拿不出什么好东西招待陈亮，但见面的喜悦已经将属于物质条件的贫乏冲洗得一干二净，剩下的只有共饮共酌的悠长情谊。于是，带湖边上，有他们一边散步，一边聊谈的身影；鹅湖寺中，明月星辉见证的还有他们谈论唱和的激情；就连瓢泉旁，也留下了他们相谈甚欢的笑谈声。

这样的日子因着好友的相伴，心灵的相通，交游的尽兴，过得十分惬意与舒适。所以在送离陈亮后，辛弃疾有好几天都缓不过劲来。幸好这时，传来了欧阳国瑞将要奔赴吴中的消息，想起自己之前曾在吴中待了相当长的一段时间，所以，辛弃疾觉得还是应该赋词一首，以表自己的祝福之意，当然也可凭着自己过来人的身份，给予他一些帮助和建议。

莫避春阴上马迟，春来未有不阴时。人情展转闲中看，客路崎岖倦后知。

梅似雪，柳如丝。试听别语慰相思。短篷炊饭鲈鱼熟，除却松江枉费诗。[1]

似乎，在这一场梅似雪的送别中，辛弃疾看到更多的是春的期盼与柳丝的飘摇。那些存于红尘中的人情世故，早就将尝遍世态炎凉的辛弃疾只能淡淡地说一句，所有的崎岖陡峭只有都踏足过后，才能明白那些困境之所以存在的真实意义。所以，冬日的严寒终将慢慢消散，心底似乎只需将温暖的鲈鱼牢牢地记住，那些诸如雪花般彻骨的忧伤也会随着春风的吹拂，飘散开去。

[1]摘自辛弃疾《鹧鸪天·送欧阳国瑞入吴中》

有了这样认识的辛弃疾，也就顺利地熬过冬天的冰寒。新年伊始，人们总是有太多希冀需要托付的，建康风调雨顺，似乎每人都盼着新的一年能带来新的美好光景，辛弃疾也不例外。所以新年开始没多久，辛弃疾就来到了位于博山上的寺庙，开始了自己的祈福之旅。

头白齿牙缺，君勿笑衰翁。无穷天地今古，人在四之中。臭腐神奇俱尽，贵贱贤愚等耳，造物也儿童。老佛更堪笑，谈妙说虚空。

坐堆㡾，行答飒，立龙钟。有时三盏两盏，淡酒醉蒙鸿。四十九年前事，一百八盘狭路，拄杖倚墙东。老境何所似，只与少年同。[1]

似乎真的有老去的痕迹了，这么一点山路，辛弃疾都走得大气喘喘。诸君也不要笑他头发花白，牙齿疏松了。人这种物种，本就处在天地今古的中间，总免不了要成为时间的牺牲品。只是，到了这个年纪，也渐渐明白，那些过去的腐朽也好，神奇也罢，终归只是浮云一片。说不定是造物者以儿童的心态，在跟大家开玩笑。所以，诸君也别太执着，还不如学着老僧的样子，于虚无中认识这个世界。三两盏孤灯如豆，两三杯淡酒入胃，一切的过往就在这笑谈中，逐一消淡了。

日子在新年的步调中，慢慢地回归平淡。而属于辛弃疾的这份

[1]摘自辛弃疾《水调歌头·元日投宿博山寺，见者惊叹其老》

平淡，便是与友人的往来唱和。辛弃疾没想到，那厢陈亮才留下冬日离别的叹息，这厢杜叔高便带着春日的关怀缓缓而来了。虽然他停留的时间也不长，但带给辛弃疾的感怀，以及从他身上感受到的英雄气概，却是相当有分量的。所以，在与杜叔高离别之际，辛弃疾选择了用词句将自己对杜叔高的肯定抒发出来。

细把君诗说:恍余音、钧天浩荡，洞庭胶葛。千丈阴崖尘不到，惟有层冰积雪。乍一见、寒生毛发。自昔佳人多薄命，对古来、一片伤心月。金屋冷，夜调瑟。

去天尺五君家别。看乘空、鱼龙惨淡，风云开合。起望衣冠神州路，白日销残战骨。叹夷甫诸人清绝！夜半狂歌悲风起，听铮铮，阵马檐间铁。南共北，正分裂！[1]

在辛弃疾看来，杜叔高在作诗上除却有着浩荡的气势、动人心魄的震撼感外，还有着一股清冽的高寒之气，将那种高处不胜寒的清寒感释放得淋漓尽致。不过，这样的清疏却因着才俊的出众，反而成为了他人不满的源泉。想要凭着铮铮铁骨决战沙场的情怀，想要收复河山，统一南北的决心，却在这一日又一日的仕途困顿中，成为郁郁不得志的缘由。于是，那些有关英雄的悲哀，似乎都有了相同的悲剧。

也许，是真的到了离别的时节了，春风消散了，柳絮飘尽了，

[1]摘自辛弃疾《贺新郎・用前韵送杜叔高》

霸陵也都走遍了。既然如此，何不让送别进行到底，让悲伤的情绪一次性抒发个够。

酒罢且勿起，重挽史君须。一身都是和气，别去意何如。我辈情钟休问，父老田头说尹，泪落独怜渠。秋水见毛发，千尺定无鱼。

望清阙，左黄阁，右紫枢。东风桃李陌上，下马拜除书。屈指吾生余几，多病故人痛饮，此事正愁余。江湖有归雁，能寄草堂无。[1]

如果说这厢太守的送别还可以带上几丝官腔的敷衍，但接下来范开的离去，就必须要让辛弃疾的不舍与悲伤无处可藏了。

听我尊前醉后歌。人生亡奈别离何。但使情亲千里近。须信。无情对面是山河。

寄语石头城下水。居士。而今浑不怕风波。借使未如鸥鸟惯。相伴。也应学得老渔蓑。[2]

那些无可奈何的离别，在醉后似乎越发显得伤悲了。就算他和范开之间如同亲人般的情谊能让“天涯若比邻”的情境出现，但那最为无情的山河最终还是要将他们阻隔了。罢了罢了，就当这样的风波四起，为云烟消散吧。年轻人总归有他要游历的路程，而他这

[1]摘自辛弃疾《水调歌头・送太守王秉》

[2]摘自辛弃疾《定风波・席上送范先之游建康》

个老头子，还是继续着他由守望堆砌成的消遣吧。

还好，送完一群人后，辛弃疾身后总会出现另一群人的身影，这些人又终将随着辛弃疾诗词的意境，与他共赏天地。与余叔良的酬唱，就是这种境遇下的产物。

我试评君，君定何如，玉川似之。记李花初发，乘云共语，梅花开后，对月相思。白发重来，画桥一望，秋水长天孤鹜飞。同吟处，看佩摇明月，衣卷青霓。

相君高节崔嵬。是此处耕岩与钓溪。被西风吹尽，村箫社鼓，青山留得，松盖云旗。吊古愁浓，怀人日暮，一片心从天外归。新词好，似凄凉楚些，字字堪题。[1]

只有相互唱和，似乎还有些许的不尽兴，如若能将美景触动出来的诗兴抒发出来，这样的经历才真正有着快意人生的滋味。

万事几时足，日月自西东。无穷宇宙，人是一粟太仓中。一葛一裘经岁，一钵一瓶终日，老子旧家风。更著一杯酒，梦觉大槐宫。

记当年，吓腐鼠，叹冥鸿。衣冠神武门外，惊倒几儿童。休说须弥芥子，看取鹍鹏斥鷃，小大若为同。君欲论齐物，须访一枝翁。[2]

[1]摘自辛弃疾《沁园春·答余叔良》

[2]摘自辛弃疾《水调歌头·题永丰杨少游提点一枝堂》

酬唱的欢乐带给辛弃疾的除了诗意纵横的潇洒外，那种山水朋友之间的无拘无束也让辛弃疾流连忘返。所以，辛弃疾不仅在自己的家周围与朋友大加唱和，有时兴致来了，他甚至直接奔赴朋友聚会的地方，然后兜兜转转一圈，才如愿以偿地带着诗意盎然的情趣回到带湖。

只是，这样的肆意游玩，欢喜笑乐终不能成为长久的象征。当辛弃疾终于在这样的酬唱与欢愉中来到他知天命的第二个年头时，一个意想不到的打击，终于让辛弃疾有了老泪纵横的体会。这一年，他五十二岁，这一年，他与他的儿子赣，从此阴阳相隔。

虽然，辛弃疾心中不停地说服自己，孩子的远去，只是为了找寻一个能为他提供更好环境的父母，可内心关于痛失爱子的苦痛，却怎么也消散不去。那种白发人送黑发人的伤痛，带着刻骨铭心与撕心裂肺的灼痛感，直直地击打着辛弃疾痛苦不堪的心脏，然后便是新一轮无以言喻的悲伤。而那些一直在眼眶中来回打转的泪水，终究还是随着那块棺木的徐徐合上，而落了下来。

或许因着这样的伤悲太多浓烈，辛弃疾一时之间竟不知道自己要如何祭奠，才能让自己可怜孩子的灵魂得已安息。幸好，辛弃疾还有自己最擅长的文笔，若不能安好地送他离去，便让他在自己的笔下于这世界有更多的留痕吧。于是，凭着那份切肤之痛，辛弃疾挥笔写下了《哭赣十五章》，留住的是儿子的憨态可掬，儿子的聪明伶俐，儿子的古灵精怪，远去的是一个父亲的自责，一个父亲的酸楚。

汝父诚有罪，汝母孝且慈。独不为母计，仓皇去何之。
方看竹马戏，已作薤露歌。哀哉天丧予，老泪如倾河。
玉雪色可爱，金石声更清。孰知催轮早，跬步不可行。
念汝虽孩童，气已负山岳。送汝已成人，行路已悲愕。
他年驷马车，谓可高吾门。只今关心处，政在青枫根。
糊涂不成书，把笔意甚喜。举头见爷笑，持付三四纸。
笑揖索酒罢，高吟关关鸠。至今此篇诗，狼籍在床头。
泪尽眼欲枯，痛深肠已绝。汝方游浩荡，万里挟雄铁。
中堂与曲室，闻汝啼哭声。汝父与汝母，何处可坐行。
从人索莲花，手持双白羽。莲花不可见，莲子心独苦。
足音答答来，多在雪楼下。尚忆附爷耳，指问壁间画。
我痛须自排，汝痴故难忘。何时篆冈竹，重来看眉藏。
昨宵北窗下，不敢高声语。悲深意颠倒，尚疑惊著汝。
世无扁和手，遗恨归砭剂。嗟谁使之然，刻舟宁复记。
百年风雨过，达者齐殇彭。嗟我反不如，其下不及情。

终归是他们做父母的错，这样小的孩子，还没来得及好好享受孩童的天真与烂漫，便就这样化作一缕幽魂飘散而去。那样小的他，说话都还有点困难，却神奇地有着犹如大人一样沉稳的气质。究竟以后的他有多大修为，已经没有探讨的意义了，只能在心里默默哀叹天妒英才的残忍。

内心的煎熬，在儿子逝去的那段时间里，几乎让辛弃疾喘不过气来。因为，凡是触目所及的东西，无论什么，都会引起他内心一阵唏嘘。而关于游玩，辛弃疾更是无心也无力了，所以，他只能强迫自己将目光投掷到书籍兵事上，也许到最后都没有施展才能的机会，但至少可以转移内心的殇痛。

第五幕 辗转

平生塞北江南，归来华发苍颜

01 | 而今堪诵北山移

绍熙二年，辛弃疾已经五十二岁了，朝廷一张突如其来的任命书打破了他在上饶闲居直至终老的梦想。官员送来了让辛弃疾到福建赴任的圣旨，辛弃疾的闲居生活就此结束。但这次复出，并未令辛弃疾满心欢喜，他只是淡淡地接过了圣旨，送走了官员。

十年的闲居生活，并未消磨他的意志，他依然想驰骋沙场，为国效力。可是骤然让他丢开现在的生活，他的内心却是充满了不舍，这里的山山水水已经与他血脉相融，成为他豪情壮志的见证人。虽然他一直期望能有机会再为朝廷效力，可是，一旦愿望成真，真要离开了，他又有点迟疑了，他没想到自己还有机会回到自己心心念念的地方。

人生就是这样无奈，想走不能走，想留不能留，去留之间竟都不在自己的掌控中。辛弃疾叹然，可是为国为民的理想早已深入他的血脉。即便这次复出赴任的官职，仍与军事无关，但辛弃疾还是觉得有了希望。不管身处何职，只要能尽一份心力，也算对得起自己的良心。

其实，辛弃疾也明白，五十二岁的他，身体不再健硕，已经没有了当年冲进敌营，直取敌人首级的矫健，但他的心依旧是火热的，他依然向往有朝一日能够纵横沙场，就像雄鹰振翅翱翔于无垠的天空。可是他的身躯却告诉他，他已老去，只能静立山头仰望曾经飞翔过的天空。

十年的岁月，无数次的午夜梦回，无时无刻不在想念着年轻时征战沙场的场面，勾勒着未来冲向战场的一天。可当机会来临时，他却发现，身躯已老去，马背生活，于他已经是一份负担。时光如一条浅浅的河，流动得无声无息，却在不知不觉中卷走了太多的东西，徒留下了太多的心事。辛弃疾不敢擅自回首往事，生怕往事太过耀眼，刺痛了心里那些或深或浅的伤疤。

总归是心有不甘吧。虽然他对这一次的赴命并不是那么的热心，可他还是于次年春初，收拾好行囊，告别家人，前往福建任职。离别总是令人伤感的，除了家人，辛弃疾也舍不得这方土地，离绪激起他的诗意，出发前，他写就一首《浣溪沙青团壬子春，赴闽宪，别瓢泉》。

细听春山杜宇啼。一声声是送行诗。朝来白鸟背人飞。

对郑子真岩石卧，趁陶元亮菊花期。而今堪诵北山移。

曾以为，在接受任命那一刻他会了却所有心事，以为那样的安排应该是最完美的结局。可十年的隐居生活却让他的心态发生了变化。时过境迁，谁都抵挡不了时间带来的改变。辛弃疾始终是心有不甘的，“而今堪诵北山移”恰恰道出了他当时的这种心境。

赴任的辛弃疾内心是纠结的，沿途杜鹃的鸣叫声，更是令他心下恻然。不过是刚刚踏上旅程，杜鹃却已经在声声啼叫，催促着他早点归来。再看那天空中的沙鸥，想来它们也是不忍心与他离别吧，竟然背着他飞走了。鸟既如此，人何以堪？

他也是愤懑的，十年闲置，报国无门，而此次复出，又是一个不能实现报国宏志的差使，这令他情何以堪。想起当年的郑子真不愿屈其志而宁愿耕种岩石之下，陶渊明宁可与菊花为友也不愿为五斗米折腰，辛弃疾顿时觉得无颜面对这些声名卓著的隐者。再想想当年孔稚圭写下《北山移文》嘲讽贪图官禄的假隐士周彦伦，这不恰恰就是在说自己吗？

他的赴任充满了太多的无奈与辛酸，可他还是去了。茫茫前路未可知，从踏上旅程的那一刻，辛弃疾就想回转。闲适，自由，贴近自然的闲居生活虽然与辛弃疾最初的人生理想不太契合，但他却在隐居生活里净化了自己的心灵。可当任命诏书再次送达他面前时，他又有点放不下他的政治理想，他不是没有挣扎，但最终还是决定去赴任。无人知晓他内心的挣扎，那一统中原的报国梦，是他终生无法舍弃的。即便它看起来如此渺茫，可哪怕只有一点点希望，他都愿意为之赴汤蹈火，在所不辞。一代枭雄，年轻时意气风发，用手中的战剑平定动乱。可英雄的暮年也是寂寞的，因为年轻太过辉煌。

虽对自己的任命不满意，但辛弃疾仍然尽职尽忠，兢兢业业地为福州百姓做事，希望当地百姓能够安居乐业。白天，他四处走访，帮助福州的百姓解决难题；夜里，他挑灯夜战，总是就着微弱的烛火批改公文，上书进谏。

辛弃疾听闻汀州出了一桩疑案，一直悬而未决。当他了解到上杭县县令鲍粹然精明能干，擅长断案时，便亲自委托他审理，后经鲍粹然明查暗访，终使案情真相大白，冤者得以昭雪。

九月，因福建路安抚使林枅去世，辛弃疾兼代福建路安抚使，开始更加忙碌的生活。他对政务一丝不苟，常常询问朋友朱熹的意见。仿佛回到了原点，他远离了上饶的生活，那种闲居的日子已经淡化在他的生命里，他的政治雄心与政治抱负又一点一点地回到他心中。

在一段时间的明查暗访之后，辛弃疾发现，目前福州的积弊有二：一是未推行"经界"，致使广大农民负担过重，民不聊生。"经界"是针对大官僚、豪强地主兼并了土地，却又要原业主负担赋税徭役的现状提出来的，要求政府清理土地所有权，按照土地所有人实际占有的土地亩数负担赋役。这一规定早在全国推行，可因推行之初，闽南汀、漳一带恰逢动乱，以致没有实行"经界"。因此，赋役不均的情况比之别处更为严重，出现了"有税者未必有田，而有田者未必有税"的情况。第二就是官运官卖法导致汀州人民食盐难。当时，福建有八个州，八个州的盐法不同。建宁、南剑、汀州、邵武因为不产盐，实行的是官运官卖法，这种盐法，弊端甚重，既容易出现官员侵吞的行为，也容易导致高价侵民。而福州、泉州、漳州、兴化是产盐之地，则主要实行“钞盐法”，即盐商向政府缴纳一定数目的盐税，获得贩卖相应数量食盐的许可。相比之下，钞盐法比较符合人民的要求。

当辛弃疾了解到这些弊端后，忧心如焚，经过周密调查和思索后，他随即连夜执笔写就了《论经界盐钞札子》上奏朝廷。这个札子围绕“经界”“钞盐”两大问题，阐明了“天下之事，固民所欲行之，则易为功”的道理。辛弃疾在札子中说，“漳、泉、汀三州皆未经界，漳、泉民颇不乐行，独汀之民，力无高下，家无贫富，常有请也。且其言曰：‘苟经界之行，其间条目，官府所虑谓将害民者，官不必虑也，吾民自任之’。其言切矣。故曰经界为上”。又说“变法之初，四州客钞辄令通行，而汀州最远，汀民未及搬运而三州之贩盐已番钞入汀，侵夺其额，汀钞发泄以致少缓。官吏取以籍口，破坏其法。今日之议，正欲行之汀一州”。

他力陈“经界”与“官买官卖法”之弊端，言辞恳切，言之凿凿。不久，皇帝即根据他的建议，在闽南一带推行“经界”及钞盐法，免福建百姓于水深火热之中。

忙于政事的辛弃疾，仍不忘那段闲居岁月，始终保持着那颗向往山林的质朴之心。公事之余，他便会到福州城中的西湖逛逛，去城外于山走走，以山水之灵秀洗涤自己被尘俗烦扰的喧嚣的心。当然他也不忘写下一首首赞美的丽词佳作。辛弃疾对福州西湖的赞颂，最有名的便是《贺新郎·三山雨中游西湖》。

翠浪吞平野。挽天河、谁来照影，卧龙山下。烟雨偏宜晴更好，约略西施未嫁。待细把、江山图画。千顷光中堆滟滪，似扁舟、欲下瞿塘马。中有句，浩难写。

诗人例入西湖社。记风流、重来手种，绿阴成也。陌上游人夸故国，十里水晶台榭。更复道、横空清夜。粉黛中洲歌妙曲，问当年、鱼鸟无存者。堂上燕，又长夏。

苏东坡曾言杭州的西湖犹如西施，“欲把西湖比西子，浓妆淡抹总相宜”。而在辛弃疾笔下，福州西湖则成了未嫁的西施，秀丽玲珑，清纯可爱，哪怕是大画家李龙眠都不一定能画得出来。“自是三山颜色好，更看雨婚烟嫁，料未必龙眠能画。”由此可见他对西湖的喜爱，以至于在他眼中，西湖边上的梅花都别具一格，与他处不同，“恨无飞雪青松畔，却放疏花翠叶中”。要知道北方的梅花盛开时都没有叶子，可这西湖边的梅花却是花叶相映成趣的。当然，常去的于山万象亭，他也不吝惜笔墨的，写下了一首《西江月》，一时之间成为传颂于山的名作。

贪数明朝重九，不知过了中秋，人生能得几多愁，只有黄花依旧。

万象亭中把酒，九仙阁上扶头，城鸦唤罢醉方休，细雨斜风时候。

也许是上书的成功，再度激活了辛弃疾心中的报国梦，即使在游山玩水中，也不忘家国天下。“翠浪吞平野，挽天河，谁来照影？卧龙山下。”[1]“千骑而今遮白发，忘却沧浪亭榭。但记得，灞陵呵夜。”[2]他虽有报国梦，却无从言说，也实现无望，那份悲壮与无奈，深深流于字里行间。可是，福州的山水终是慰藉了他，他在《好事近》里言：“春意满西湖，湖上柳黄时节。濒水雾窗云户，贮楚宫人物。一年管领好花枝，东风共披拂。已约醉骑双凤，玩三山风月。”这是多么积极的态度啊！

也许岁月磨平了他的棱角，但那份梦想却依旧执着地扎根于他的心底。他知道自己已经老了，可在夜里，他依然会挑灯看剑，在他梦里，仍然吹角连营。或许于他，驰骋马背，奋勇杀敌的时代已经过去，但他的心愿从不曾衰退，那一颗报国的雄心，任何时候都不会减弱。五十三岁的辛弃疾，失望之余，依旧豪迈，依旧积极。

[1]摘自辛弃疾《贺新郎·三山雨中游西湖》
[2]摘自辛弃疾《贺新郎》

02 | 被劾罢官

许是辛弃疾上奏的《论经界盐钞札子》终令皇帝记起了他，绍熙三年，光宗下旨，宣辛弃疾进京。被召见的辛弃疾欣喜若狂，那一刻，他的心中再度升起了希望。虽说他已是桑榆晚景之年，可上苍垂怜，他也许仍有机会实现统一中原的报国梦。于是，辛弃疾一边收拾行装准备启程，一边也不忘思考天下局势，准备在面见皇帝时进献良策，助南宋实现中原统一。

临行前，免官在家的陈端仁为他设宴饯行，辛弃疾欣然赴宴。二人聊起家国大事，想起南宋朝廷偏安一隅，任由沦陷区人民处于水深火热之中，不禁悲从中来。离别之悲又怎比得上家国之痛。其实此次回京，辛弃疾虽是备觉振奋，却也心怀不安，前方等待自己的会是什么样的命运？起起落落的仕宦经历，他早已明白，人事变幻不过转瞬之间。既然非他力所能掌握，他也只能尽力而为，虽九死亦不悔。思及此，他当场赋词一首，聊表自己的决心以及惜别之意。

长恨复长恨，裁作短歌行。何人为我楚舞，听我楚狂声？余既滋兰九畹，又树蕙之百亩，秋菊更餐英。门外沧浪水，可以濯吾缨。

一杯酒，问何似，身后名？人间万事，毫发常重泰山轻。悲莫悲生离别，乐莫乐新相识，儿女古今情。富贵非吾事，归与白鸥盟。[1]

“长恨复长恨”，这是多么深切的悲痛与愤慨。内为心声，外发为词。千言万语，只能借词赋来表达。可这小小的词赋，即使承载了他满心的志向与满腹的哀痛，却无人懂得，又有何用？可即便明白现实如此的无奈，辛弃疾却誓言要学习屈原，即使因忠而被谤、贤而见逐，也要坚持追求自己的理想，坚决不与投降派同流合污，沆瀣一气。

绍熙三年（1192）秋，入京面见光宗的辛弃疾，当场进奏了《论荆襄上流为东南重地》札子，向光宗阐明荆襄上流乃军事重地这一战略观。辛弃疾在札子中言“荆襄合而为一则上流重，荆襄分为二则上流轻。此南北之所以为成败也”。提出荆湖北路和襄阳地区乃是保障江南安全的军事要地，必须加强两地的军备力量。但从目前的军事战略上看，荆、襄两地一向是分开治理的，非常不利于上游

[1]摘自辛弃疾《水调歌头·壬子三山被召，陈端仁给事饮饯席上作》

的防守，会让金国有机可乘。如果能将荆襄两地合为一路，使它们首尾相应，那么即使金国南下，宋朝廷也可以乘机而动，攻防自若。

辛弃疾的眼光与谋略的确是独一无二的，他甚至在札子中提出了一个前瞻性的问题。辛弃疾言天下之势分分合合，存在一股不以人的意志为转移的力量，如汉离经魏而合于晋，晋离经隋而合于唐。而南宋目前正处于一个半离半合的历史时期，在宋和金之外，有可能出现第三种军事力量。而现在宋、金南北分治，倘若宋不能恢复失地，天下很有可能被统一于第三种力量，于是他说："故臣敢以私忧过计之切，愿陛下居安虑危，任贤使能，修车马，备器械，使国家有屹然金汤万里之固，天下幸甚！社稷幸甚！"

很可惜，辛弃疾的这番见解并未得到光宗的采纳。即使多年后宋为元所代的历史事实证明了辛弃疾的远见。可在当时，宋光宗与朝廷官员们只求偏安一隅，哪里真正思考过朝廷的福祸命运。于是，辛弃疾的这番奏言最终不了了之，光宗也就授予了他一个太府卿的闲职。

报国无门，壮志难酬的辛弃疾惶惑、愤懑、焦虑而又无可奈何，他终于明白，他想要"挽银河仙浪，西北洗胡沙"，跃马疆场，请缨杀敌的豪情壮志，不过是镜中花、水中月罢了。忧愤郁积的辛弃疾在太府卿的位置上待了不过半年，一道圣旨又让他回到了福州。

重回福州，恍如梦一场，辛弃疾的忧伤无人能懂。可即便命运如此反复折腾，辛弃疾却仍不改初衷，有时他也想放下一切，就此游山玩水，自在无为，可临到头，他却依旧放不下。

这一日，闲暇之余的辛弃疾路经南剑州，久闻双溪楼大名，倾慕之下，定要亲眼瞧一瞧。这双溪楼，当时是南剑州江边上的一个楼阁，位于剑溪和樵川两条河流的交汇处，“剑溪环其左，樵川带其右”[1]。关于此楼，还流传着一个美丽的传说：相传雷焕任丰城县令时，曾在修理监狱时掘出一对宝剑，剑名“龙泉”“太阿”。雷焕死后，“龙泉”剑不知流落何方。某日，雷焕之子佩“太阿”剑过延平津，“太阿”突然从鞘中一跃而出，跳进潭内。其子使人潜水寻剑，不得，只见双龙相偎水中。[2]

辛弃疾听闻此传说，不禁感世悲时，想起自己的遭遇，一时感慨万千，一曲《水龙吟·过南剑双溪楼》一挥而就。

举头西北浮云，倚天万里须长剑。人言此地，夜深长见，斗牛光焰。我觉山高，潭空水冷，月明星淡。待燃犀下看，凭栏却怕，风雷怒，鱼龙惨。

峡束沧江对起，过危楼、欲飞还敛。元龙老矣，不妨高卧，冰壶凉簟。千古兴亡，百年悲笑，一时登览。问何人又卸，片帆沙岸，系斜阳缆？

想当年，王安石高唱“不畏浮云遮望眼”，变法遭遇阻碍他也毫不畏惧，但辛弃疾却更为豪壮，直言要以万里长剑斩除西北的浮

[1]摘自余良弼《双溪楼记》

[2]摘自《晋书·张华传》

云。可是这万古名剑早已化龙而去，他又何处去觅得这除妖降魔的宝剑？真是“欲抉浮云，必须长剑，长剑不可得出，安得不恨鱼龙”[1]？辛弃疾的愤慨与忧愁，谁人懂得。

双溪楼前之景颇为壮观，江水经过楼前，湍流激荡似要飞起，又因玉屏山和九峰山的阻隔形成了水流较为平缓的剑潭。辛弃疾注视着悠悠的潭水，想眼前的自己，正如那三国时的陈元龙。陈元龙关心国家社稷安危，品格如冰壶一样清澈无瑕，却终不受朝廷重用，连遭小人猜忌和暗算，最终只得高卧凉簟，归隐而去。其实，历史本就如此，千载而下，多少兴衰成败，王朝更迭，单凭一己之力又如何能力挽狂澜？这是一个英雄迟暮的孤独与失落，在波澜壮阔的历史面前，他不得不臣服，叹息自己的渺小，更明白了自己的无能为力。

可即便辛弃疾明白了，臣服了，朝廷中的某些人却依然只想除之而后快。绍熙五年（1194）七月，谏官黄艾说辛弃疾“严酷贪婪，奸赃狼藉”，皇帝听之，也不辨真假，当即免去辛弃疾福建路安抚使的职务，派他去主管建宁府武夷山冲佑观。这建宁府武夷山冲佑观，属外祠官，只是一个挂名的闲散差事，挂名某京、某府某宫，并不赴任，任便居住五年，假以祠禄而已。

原来，朝堂上随意一句命令便可扭转他的人生，辛弃疾的心渐渐冰凉，对尘世、对命运不敢再抱有一丝幻想。他原是一只睿智的豹子，犀利、威猛。无奈命运定要将他逼到万劫不复深渊。他只是

[1]摘自周济《宋四家词选》

不停地挣扎，希冀保持自己内心的意愿，可他还是受伤了。他多想实现自己的政治抱负，可命运太无情，最终丢给他的竟是被劾罢官的命运。原以为赴召可以迎来自己人生的一次高峰，可期望还是落空了。

辛弃疾悲愤不已，为什么要给他这样一个挂名的闲散差事？这样一个闲散的差事，一个无法有任何作为的官职，于他又有何用，还不如彻底断了他的念想。其实，辛弃疾内心涌动的是不甘，他做不到陶渊明那般，可以安适于一盏茶，一本书，一片菜地的隐居生活。倘若他能像陶渊明般，回归自然，每天挽着裤脚在田里劳作，日出而作，日落而息，那他就会在再次接受朝廷委派时拒绝出仕了。他这一生肩负的使命便是实现中原统一梦，上天给予了他优秀的品质、杰出的才干和无人可匹敌的谋略，却忘记给他一个机会，这注定辛弃疾只能奔赴那苦难的人生，也注定了他无法成为陶渊明，因为他的政治抱负与梦想已经深入骨血，与他共生共荣。

既然无力回天，那就接受现实吧。辛弃疾带着一腔辛酸赴任了。幸好武夷山有着不同于他处的绝美风光，武夷山旁还有他的至交好友朱熹，这一去，正好可以圆他杯酒交欢，一浇胸中块垒的美梦。

然而，即便他如此隐忍不发，处江湖之远，朝堂上的人仍不愿意放过他。这年九月，御史中丞谢深甫又弹劾辛弃疾“交结时相，敢为贪酷，虽已黜责，未快公论”，言辛弃疾跟宰相勾结，犯下了贪污等罪行。虽然他已受到免职和申斥的责罚，可大家还觉得不够痛快，于是辛弃疾受到降两级的处分，职名由“集英殿修撰”降为“秘阁修撰”，不过武夷山冲佑观的祠官官职还保留着。可是这又有什么意义呢？辛弃疾心灰意冷，干脆回到上饶，继续他闲云野鹤的乡间生活。

上饶，这个他曾经居住了十年的地方，那一山一水在他眼中是如此的亲切可爱。也许只有这里才能容下他，没有机巧，没有算计，一切都是那么欣欣然，散发着勃勃生机。辛弃疾试着抛开一切，用心去享受这份田园生活的惬意与舒适，他不时跑到田间山头，与邻里老农闲话家常，或是扛起锄头，真实感受一把田间作业的辛劳与充实，只是，每一个夜深人静的晚上，仰望着星空苍穹，想着这一生中的点点滴滴，辛弃疾总是难以释怀。想曾经豪情万丈，气吞万里如虎，叹如今却是衰朽病骨，凄凄然如丧家犬。这一生用尽了力量去追寻政治理想，可那理想，始终却在灯火阑珊处，可望而不及。

辛弃疾不是不想在上饶这块土地上静静地生活，可那些过往曾经，那些豪情壮志总是如影随形，令他欲舍不能。上饶也总令他想起出生的地方——济南，它与上饶有些相似，是个山清水秀的好地方。辛弃疾的生命从那里开始，他的梦想也因那里而成就。他曾以为，终有一天，他能回到那里，可眼下他也知道，这个梦想在他有生之年怕是难以实现了。

03 | 迁居瓢泉

回到带湖的辛弃疾，当然没有忘记他心心念念的瓢泉。他早已计划在此地修建一个居所，可因为突如其来的任命，他只能挥别瓢泉。如今他有了充裕的时间，那么瓢泉的规划自然得提上日程了。

辛弃疾找到了新的寄托，日日奔波于瓢泉与带湖两地，一心想要找个风景绝佳之处，修建他的闲居胜地，他甚至写下了《沁园春·再到期思卜筑》，表达他希望找个风景绝佳的地方，修建一座居所的愿望。

一水西来，千丈晴虹，十里翠屏。喜草堂经岁，重来杜老，斜川好景，不负渊明。老鹤高飞，一枝投宿，长笑蜗牛戴屋行。平章了，待十分佳处，著个茅亭。

青山意气峥嵘。似为我归来妩媚生。解频教花鸟，前歌后舞，更催云水，暮送朝迎。酒圣诗豪，可能无势，我乃而今驾驭卿。清溪上，被山灵却笑，白发归耕。

只能说，这“千丈晴虹，十里翠屏”的风光太过旖旎，竟让时时郁结于心的辛弃疾写下了如此生机盎然，秀丽清雅的风景词。在辛弃疾眼中，那一条从西面蜿蜒而来的溪流，万里晴空中的千丈彩虹，犹如翠绿的屏风的青山，迤逦蜿蜒，竟有十里那么长，这样壮阔的美景，怎不令人心生欢喜。

也许正是因着这样的心态，辛弃疾继而产生了“青山意气峥嵘，似为我归来妩媚生”的想法，原来此处才是他的归根之地。挺拔险峻、气势磅礴的青山，竟因为他的归来，有了妩媚可爱的姿态，那停留于自然，不受拘束的花、鸟、云、水，也因他的归来“前歌后舞”，“暮送朝迎”。这时的辛弃疾是愉悦的，他醉心于瓢泉，似已忘记了朝廷中的是是非非、恩恩怨怨。

关于瓢泉的住宅修建，因为去福建之前他就已经有了大致的构想，所以动工起来就特别快了。1195年春天，瓢泉居所落成了。与带湖的有栋百楹，“青山屋上，古木千章，白水田头，新荷十顷”相比，瓢泉的规模很小，就是一栋小小的居所。

一日，他坐于书桌前，眺望着窗外的青山，回忆起修建瓢泉居所时的点点滴滴，遂词性大发，赋笔写下《浣溪沙·瓢泉偶作》。

新葺茅檐次第成，青山恰对小窗横。去年曾共燕经营。

病怯杯盘甘止酒，老依香火苦翻经。夜来依旧管弦声。

眼见着居所一步步地修葺完善，辛弃疾难以表达喜悦之情。坐在新屋中，眺望远方横卧的远山，多美的景致啊！如今年纪大了，身体也变差了，时常生病，酒也不敢多喝了。虽说有官职在身，却是一个闲职，闲来无聊之际，也只有给神仙烧香纸，耐心读经文了。这白日的时光还好打发，可到了夜里，愁绪就日渐滋长了，只得借着管弦的乐声来排遣。

有道是抽刀断水水更流，举杯浇愁愁更愁，这管弦的乐声又能排遣到几时呢？不经意间，辛弃疾仍是道出了他内心最深的期盼。即使表面上他对目前的生活安之若素，可内心依旧放不下。

就在辛弃疾沉湎于这样的纠结中时，命运再次给予了辛弃疾意想不到的打击——久居多年的带湖失火了。熊熊大火烧毁了带湖的一切，也彻底摧毁了辛弃疾赖以生存的家园。居住多年的居所，一夕之间不复存在，怎能不叫他痛心疾首。望着大火后的狼藉，辛弃疾显得既伤心又无助，心灵的寄托已是无望，可连肉体的寄托也全然崩塌，命运究竟要把他逼迫到怎样的田地才肯罢休？为何连这一点退路都不留给他？

经此一火，带湖是没法住了，辛弃疾便举家迁往瓢泉。这时，他甚至有一丝庆幸，幸好当年他在瓢泉修建了居所，否则，他们这一家大小该往何处去。瓢泉的风光四时不同，辛弃疾醉心于这四季变幻中，倒也自得其乐。闲来无事，他便赏花吟诗，日子过得闲适惬意，仿佛那些政治的风云诡谲，离他已经很远很远了。现在的他，醉心的是田野生活，甚至也不在诗词中道尽自己的不甘与愤怒，而是开始描绘他所处的乡村田野，勾勒出一幅“暧暧远人村、依依墟里烟”的世外桃源景象。

辛弃疾原以为脱离了政治中心，他也没有什么好被人说道的了。岂料政治诡谲，他再次成为了别人的靶子。宁宗庆元元年（1195）十月，新上任的御史何澹再次弹劾辛弃疾，言他“酷虐裒敛，掩帑藏为私家之物。席卷福州，为之一空”。这次的说辞更加严酷，弹劾的理由也是相当狠绝，直言辛弃疾严酷暴虐、聚敛钱财，把公家放财物的仓库当作自家的，将福州搜刮得一穷二白。欲加之罪何患无辞，辛弃疾没有想到，自己当年为了福建百姓修建的“备安库”，竟成了他贪污、聚敛、“掩帑藏为私家之物”的铁证。

当年，辛弃疾建立“备安库”，本意是想在不扰民的情况下，筹钱成立一个维护地方安定的专项资金。福建因为靠海，地理环境特殊，人口多耕地少，年成稍差一点，政府就不得不耗费巨资购粮。加之福建境内海盗猖獗，为维护地方治安，政府不得不耗费大量的财力物力组建军队，防御海盗的骚扰。无论是购粮还是维持军队开销的费用，说到底都是老百姓出钱。辛弃疾也是为百姓着想，才想出了建“备安库”的主意。这“备安库”的作用有二：一是趁着福建粮食接连丰收，在秋天谷价比较低的时候收购两万石米，作为粮食储备，这样碰到荒年也可以缓解一下恐慌；二是用来打造一万副铠甲，招募一些强壮的士兵，严格训练，加强军队的建设。

这原是利国利民的好事，可在有心人眼里，却成为了检举揭发辛弃疾的罪证。这一来，辛弃疾“秘阁修撰”的职名也没了，只剩一个“主管武夷山冲佑观”的祠禄官，重新变成了“储备干部”。

这一切令辛弃疾备受打击。他虽是闲居在家，仍心念朝廷，可没想到，他等来的不是任命书，而是夺职书，这让他情何以堪。没想到的是，第二年九月，监察御史又弹劾他，言他“贪污恣横，唯嗜杀戮。累遭白章，恬不少悛”。这回的罪名，不仅是贪污，还有好杀，甚至诬陷辛弃疾多次被弹劾，却屡教不改。这位官员建议应该剥夺辛弃疾的一切名号，防止他东山再起，再度为非作歹。

辛弃疾在福州任上，明明以宽厚仁德赢得百姓的尊敬与爱戴，可这监察御史偏偏要黑白颠倒，言辛弃疾“唯嗜杀戮”。如此颠倒是非的话，宁宗竟然相信了，依谏官之言，夺去辛弃疾“主管武夷山冲佑观”的祠禄官一职。至此，辛弃疾生平所有的官名被剥夺得一干二净。朝廷官员送来圣旨时，辛弃疾已经没有多少痛感了，接二连三地被诽谤，剥夺职位，这样的情景在他的人生里已经重复太多次，他的心已经麻木了。

宫观一职，说来是闲职，却可享有朝廷的俸禄，据“宋制，设祠禄之官，以佚老优贤……使任宫观，以食其禄”。辛弃疾被罢宫观，也意味着他每月没有了俸禄。带湖的一场大火已经将他的一切积蓄烧光了，他搬到瓢泉时，已经是“借车载家具，家具少于车”的窘迫境地了。现如今，基本的生活来源都断了，他又靠什么生活呢？无奈之下，他只好遣散了歌舞侍姬，甚至连为他管理文札的爱姬钱钱也不得不遣走。家徒四壁，山穷水尽的辛弃疾无以为赠，只得以词相送。

一自酒情诗兴懒，舞裙歌扇阑珊。好天良夜月团团。杜陵真好事，留得一钱看。

岁晚人欺程不识，怎教阿堵留连。杨花榆荚雪漫天。从今花影下，只看绿苔圆。[1]

此时的辛弃疾唯有自嘲了，杜甫虽穷，却还能留得一钱相看，自己呢，却连爱姬钱钱也保不住，只得送走，

这一年，瓢泉的秋天似乎来得特别快，特别急，辛弃疾觉得自己还没有感受到秋之高爽，便已迎来了秋之肃杀。那横扫天地的秋风，刷刷地带走枝头的黄叶，却卷不走他心头的悲凉与惶惑。人生总有些事情无法圆满，该放下的还是要放下，毕竟再难的路也得继续往前走。而那曾经的政治抱负与梦想，也只不过是心中的一盏将熄的烛火，苟延残喘罢了。

辛弃疾一心许身报国，却一再遭受挫折，且都是以“莫须有”的罪名被问责，就算有能撑船的肚量，怕也经不起这样的打击。很快，辛弃疾病倒了，都说病来如山倒，病去如抽丝。辛弃疾绵延病榻多时，也不见有丝毫的起色。偶尔，他想喝两杯酒，浇一浇心中块垒，却明白自己的身体状况已经不容许他借酒浇愁了。于是，他决定戒酒，甚至为此赋词一首，以表明自己的决心。

[1]摘自辛弃疾《临江仙·侍者阿钱将行》

杯汝来前！老子今朝，点检形骸。甚长年抱渴，咽如焦釜；于今喜睡，气似奔雷。汝说“刘伶，古今达者，醉后何妨死便埋”。浑如此，叹汝于知己，真少恩哉！

更凭歌舞为媒。算合作人间鸩毒猜。况怨无小大，生于所爱；物无美恶，过则为灾。与汝成言，勿留亟退，吾力犹能肆汝杯。杯再拜，道“麾之即去，招则须来”。[1]

这真是一首新奇滑稽之词，明明是辛弃疾自己贪杯，他却告诫酒杯“勿近”，将自己的贪杯怪罪于酒杯。他怒气冲冲令酒杯速到他面前听训，并数落酒杯的两大罪状，言他“咽如焦釜”“气似奔雷”都是酒杯给害的。千万别以为辛弃疾病糊涂了，其实他在告诫自己戒酒的同时也表达了自己内心的苦闷和对朝廷的失望。

也许是郁结得到了表达，辛弃疾的身体渐渐好转了。只是，他的生活足迹缩小了，只爱在瓢泉附近走走逛逛了，稍微远点的地方，辛弃疾也少有涉足，毕竟年纪大了，体力已不足以支撑他像当年那般游山玩水了。

上天是公平的，给了辛弃疾太多的人生坎坷，定要还他一片宁静，让他居于瓢泉，安享岁月静好。可是，辛弃疾不是普通的百姓，他想要的，从来都不是岁月静好。只是多舛的命运，强要让他留于此地。这样也好，总算给身体一处安息之所，既然重归故地也是妄想，那就权作他乡是故乡，从此与瓢泉为伴，与自己为伴。

[1]摘自辛弃疾《沁园春·将止酒，戒酒杯使勿近》

04 | 绿兮衣兮

大病初愈后的辛弃疾，意志消沉了一段时间。随着春天的到来，他也渐渐有了兴致，毕竟万事已成定局，空悲切也无用，还不如今朝有酒今朝醉，趁着这草长莺飞四月天，桃李芳菲闹人间的美好时节，享受游山玩水、饮酒赋诗、闲云野鹤的村居生活。

这一天，辛弃疾闲来无事，决定去期思村走走，顺便跟几个相熟的老农聊聊家常。他一路行去，但见桃花早已落尽，枝头挂满了拇指般大的小桃，煞是逗人喜爱，梨花却是挂满枝头，远望如白云落在树间。周围的农田，俱是一派繁忙的农家劳作景象，北边高地上，农民猛踏水车，浇灌着农田；河溪两岸边，早熟的农作物在微光中摇弋。偶遇几个荷锄而归的乡亲，个个喜笑颜开，争道今年风调雨顺，有了一个好收成，不用担心没米下锅。辛弃疾想起去年这时他们还在抱怨收成不好，一个个蹙眉紧额，长吁短叹，就担心吃不饱饭。虽然，辛弃疾心下还是有点黯然，毕竟他现在也得为生计犯愁，但他仍为他们开心。

其中一个相熟老农邀请辛弃疾去家中坐坐，辛弃疾却之不恭，遂随同而去，兴尽而返。农人的质朴令辛弃疾深为感动，归来后他文思泉涌，不禁提笔写下一首《浣溪沙》。

父老争言雨水匀。眉头不似去年颦。殷勤谢却甑中尘。
啼鸟有时能劝客，小桃无赖已撩人。梨花也作白头新。

此后，辛弃疾便常去期思村走走坐坐，跟农人聊聊庄稼，说说家长里短，日子倒也过得惬意。偶尔，他还会跑到溪边垂钓，享受一人垂钓的静谧。即便是穷困潦倒，辛弃疾却仍然懂得享受生活，钓竿、搁渔竿的架子、茶具，倚肘的曲几、蒲团是一应俱全，以致路过的小孩常常大声惊呼，让伙伴们快来看看这个钓鱼的老头，不就是前些时坐在轿子里的老爷么。辛弃疾唯有苦笑，现在的他，可不是没轿子坐的问题，而是没米下锅。

日子虽然过得清苦，但还好瓢泉的风光与期思村民的质朴慰藉了辛弃疾饱受创伤的心灵，他感受了这份自然的馈赠与农民的情谊，写下了许多描写瓢泉四时风光、世情民俗和园林风物、遣兴抒怀的诗词。

可是，辛弃疾毕竟放不下政治，在听闻朝廷的一场重大变故后，他还是震惊了。庆元三年（1197）十二月，韩侂胄开列“伪学逆党”党籍，大肆迫害理学。随后皇帝赵扩下诏，订立伪学逆党籍。宰执四人：赵汝愚、留正、王蔺、周必大；待制以上，朱熹、彭龟年、薛叔似等十三人；余官刘光祖、叶适等三十一人；武臣和士人十一人，共五十九人。名列党籍者皆受到不同程度的惩罚，而与他们有关系的人，也不允许担任官职或参加科举考试。至此，韩侂胄将与他意见不合的一干人等，不是迫害致死，便是贬逐偏远之地，顺利实现了他独掌权柄的野心。

在韩侂胄的大权独揽下，理学遭受了致命的打击，《语录》一类书籍被禁毁。科举考试中，稍涉义理之学者，一律不予录取。六经、《论语》《孟子》《中庸》《大学》之书为世大禁。

其实，韩侂胄与赵汝愚的不和，早在赵扩即位后便已埋下祸根。因为拥立赵扩有功，宗室赵汝愚升为右相，外戚韩侂胄迁枢密都承旨。韩侂胄自恃有功，希望得到封赏，却被赵汝愚以宗室外戚不应论功求赏的理由推拒了。韩侂胄心生恨意，自此事事排挤打击赵汝愚，两人嫌隙日深。为了社稷安稳，赵汝愚收揽名士，召朱熹入朝，为赵扩讲书，意图阻止韩侂胄参与朝政。岂料，赵汝愚被韩侂胄以宗室居相位不利于社稷为由贬至永州为官。也许是打击过大，赵汝愚没多久便死于贬所。赵汝愚这一去，朱熹、彭龟年等论韩侂胄事，亦被贬逐。

辛弃疾虽远在江湖，但庙堂上的这些风云变幻，是非恩怨，他却很清楚。当然，他最担心的还是好友朱熹。在这场政治斗争中，朱熹被视为“伪学之魁”，是重点打击对象，他的很多门生故友迫于朝廷的禁令，经过他家门也不敢进入，学界中的某些人甚至不敢以儒生自命。不过，当辛弃疾听闻朱熹在如此残酷的打压下，坦然处之，依然坚持讲学，对于劝他遣散学生的言论，更是置若罔闻。

这一刻，辛弃疾明白了朱熹的坚持与坚守，更敬仰朱熹的道德与操守，人生得遇一指路的良师益友，夫复何求。

心里的担忧减轻了，辛弃疾也有了兴致，他开始呼朋引伴，遨游山水之间。除了铅山县尉吴绍古，县丞陈拟等地方官成为他的座上宾以外，诸如器识开爽，陈义甚高的欧阳国瑞；比如痴似长康，狂如竹林的叶仲洽；比如饮酒自适，不知王公的傅为栋等，都与他有了更深的往来。他们相互酬唱，彼此应和，居江湖之远，不忧庙堂之事，可谓是“谈笑有鸿儒，往来无白丁”。

就在辛弃疾忘却庙堂、沉醉山水之间时，一个好消息传来了，朝廷下旨，恢复他集英殿修撰，主管建宁府武夷山冲佑观。这一年，是庆元四年（1198），韩侂胄大权独揽，又被皇帝加少傅赐玉带，可谓权倾朝野。

只是这都与辛弃疾无关，他开心的是朝廷终于给他平反了，虽说是复了宫观，只是支得几个香火钱，但却是真正的“祠奉”。在辛弃疾看来，这毕竟是一种政治待遇，是朝廷对他的认可，所以他不单是为了几个香火钱而高兴，更是为他存在的价值而高兴。

当圣旨送到瓢泉时，微感风寒的辛弃疾马上从病榻上爬起来，吩咐家人打来热水，他要洗一洗一脸的晦气。家人担心他病未痊愈，他却让他们赶紧去借一套冠带来。可怜的辛弃疾，当时连像样的衣帽都没有，只得借一套别人的衣冠穿在身上迎接圣旨。

回想那一幕，辛弃疾在《鹧鸪天·戊午拜复职奉祠之命》中言：“老退何曾说着官，今朝放罪上恩宽。便支香火真祠奉，更缀文书旧殿班。扶病脚，洗衰颜。快从老病借衣冠。此身忘世浑容易，使世相忘却自难。”

至于辛弃疾为何复职，《宋史》并未记载。对辛弃疾而言，也只能归结为皇恩浩荡。事实上，辛弃疾的起用，与当时朝廷战和两派之间起伏不定，此消彼长的斗争状况有密切关系。朝廷仍为韩侂胄把持，他为何突然同意启用辛弃疾呢？当年谏官言辛弃疾“赃汙姿横，唯嗜杀戮，累遭白简，恬不少悛”，其实都是出于他的授意。因为韩侂胄害怕辛弃疾“今俾奉祠，使他时得刺一州，持一节，帅一路，必肆故态”。也就是说，他担心辛弃疾一旦有了机会，便会坚持抗战，韩侂胄当时是不愿抗战的。但是，时移世易，因为庆元党不得人心，朝野上下对他相当不满，韩侂胄为了挽回人心，便听从手下的劝告，有了北伐金国的念头。这时候，为了向世人展现他的意图，便有意让辛弃疾官复原职。

韩侂胄的为人，辛弃疾相当了解，即便听闻自己复职了，他仍表达了自己不愿意同流合污的志向，“老退何曾说着官”，即言他根本就没想过要向投降派靠拢，求得一官半职。在当时，韩侂胄任人唯亲，但凡向他溜须拍马，逢迎谄媚的人，那是仕途得意，步步高升。

据《续资治通鉴》载：“师睾尹临安，谄事韩侂胄，无所不至；私市北珠以遗侂胄诸妾。诸妾元夕出游，市人称羡，诸妾俱喜，争为师睾求迁官，遂有是擢。”说的就是师睾何以升官的故事。韩侂胄有四妾，都有郡封，号四夫人，其次又有十人，也有名位。有一年，有人献北珠冠四顶给韩侂胄，韩侂胄分给四夫人，其余十人醋意十足，天天吵吵闹闹，搞得韩侂胄一个头两个大。那时赵师睾只是一个小小的列卿，他听闻此事后，趁韩侂胄入朝未归，派人给十位小妾送了十顶珠冠。十个小妾大喜，一人分一顶。韩侂胄归，十人都来致谢。第二天，临安市行灯，群妾戴珠冠而出，赢来灯市众人羡慕眼光。群妾暗喜，回去后接连两日在韩侂胄面前提及赵师睾，要去为他升官。于是赵师睾被任为工部侍郎。

其实关于这赵侍郎溜须拍马的记录可不少，《宋史》载"侂胄尝与众官饮南园，过山庄，指其竹篱茅舍曰：'此真田舍间气象，所惜者欠鸡鸣犬吠耳。'少焉，有犬嗥于丛薄之下，亟遣视之，京尹赵侍郎也。侂胄大笑。"据说，有一日侂胄与众客在南园痛饮，后经过一山庄，韩侂胄盛赞该处有田舍间气象，可惜缺了鸡鸣犬吠之声。不想，没一会儿，众人便听闻有犬吠声。韩侂胄大喜，派人去查看，原来是京尹赵侍郎，韩侂胄不觉大笑。足见赵侍郎溜须拍马到了多么无耻的地方。

这些事情，辛弃疾岂能不晓。他不愿与这等龌龊人同朝为官，可是被起用，意味着抗战有了一丝希望，他的人生经不起等待，不管这个机会是好是坏，他都要攥在手中，拼死一搏。

就在辛弃疾满怀希望之时，一个噩耗传来，他视为良师益友的朱熹去世了。听闻消息的那一刹，辛弃疾完全不敢相信自己的耳朵。他不是才收到朱熹的信吗？信中，朱熹为他复职开心，并以"克己复礼"互勉。这怎么说走就走了呢。

他们相聚的时光是多么短暂。在他痛苦彷徨时，是朱熹陪伴他，欣赏他，帮他出谋划策。他还来不及感谢他，他以为，两人还有许多时间，可以“开轩面场圃，把酒话桑麻”，谁知，却连珍重的话还未说，道别酒还未喝，两人就永远地分别了。从此再也无人与他共谈人生，再也无人与他共谈理想，未来的路上，只剩下他一人孤独前行了。

这一刻，悲伤如狂潮席卷了他。这些年，多少至交好友离他而去。陈亮走了，范如山走了，钱表臣、王道夫也走了，如今，连朱熹也去了。辛弃疾环顾茫然，怅然泪下，吟道：“绿兮衣兮，绿衣黄裹。心之忧矣，曷维其已！绿兮衣兮，绿衣黄裳。心之忧矣，曷维其亡！ 绿兮丝兮，女所治兮。我思古人，俾无訧兮！ 絺兮绤兮，凄其以风。我思古人，实获我心！”

也许，这份忧伤过于沉重，唯有《绿兮衣兮》才能表达辛弃疾对逝去诸位友人的那份怀念。《绿兮衣兮》本是《诗经》中的一首悼亡诗，讲述了丈夫对妻子的深切思念。只不过是一件妻子穿过的旧衣裳，谁知却触动了丈夫心中那张因岁月而凝结的思念的网，网中有妻子穿着绿衣浅笑倩兮的模样，网中有妻子灯下缝补衣裳的甜美画面……点点滴滴，都是两人再无法共度的美好时光。在辛弃疾的心中，也有着这样一张思念的网。

人这一生，说长不长，说短也不短，倘若没有朋友陪伴，那将会是多么的暗淡无光。欢乐之时，没有朋友举杯共享，悲伤之间，没有朋友酩酊大醉。只是岁月无情，将一个个朋友自他生命中带离。他已经六十一岁了，还经得起多少等待？突然，辛弃疾有点恐惧，倘若有生之年，他无法完成心中的政治抱负，他有何颜面去见他的爷爷呢?

虽然，韩侂胄明令禁止朱熹的朋友、同僚、门人、信徒等去武夷山考亭为其送葬，辛弃疾还是去了。这最后一程，无论如何也要去送。只是归来后的辛弃疾有点消沉了，似乎朱熹的离去，抽去了他最后的一丝希望。他不知道，属于他的时间还有多少，他也不知道，当机会真的来临时，他已经衰朽的身体，能否承载他驰骋沙场的梦想?

05 │ 吾衰矣

因为闲居时间太久，一些趋炎附势的小人早已不再上门拜访，再加上友人相继离世，去辛弃疾家拜访的人越发稀少了。少了往昔与朋友们一起饮酒山水间，唱和往来的欢乐时间，辛弃疾有些怅然，不禁感慨，人生恰如杜甫所言“人生不想见，动如参与商”，不知道何年何月，他才能再有机会与好友“把酒话桑麻”。

也许是心有灵犀，就在辛弃疾为此怅然后不久，一个好久不见的老友杜叔高上门了。辛弃疾乍见杜叔高，恍惚间，以为自己看花了眼。当杜叔高给了他一个真实的拥抱，他才明白，眼前的人是真实的。那一刻，狂喜涌上心头。辛弃疾连声唤来家人，嘱咐赶紧备上好酒好菜，他要与杜叔高把酒言欢，共叙离情。

杜叔高是金华人，曾于淳熙十六年赴上饶与辛弃疾相会。自那一别，两人已经有十余年未见。如今再次相见，欢喜之情难以言表。于是，辛弃疾与杜叔高日日畅游山水之间，并写下了无数唱和之作，

《锦帐春》《上西平·送杜叔高》《浣溪沙·别杜叔高》《玉蝴蝶·追别杜叔高》《婆罗门引·别杜叔高》，皆是辛弃疾的肺腑之作，更是表达了他对杜叔高人品、词品的赞赏。

相见时难别亦难，两人好不容易相会，却又不得不别离，以至于辛弃疾感叹“争如不见，才相见便有别离时”，深深道出离情之苦。

天下没有不散的筵席，有相聚自然有分离。短暂相会后，杜叔高得回去了。辛弃疾依依不舍，一路相送，长亭更短亭，仍不愿转身。可是送君千里终有一别，杜叔高不愿辛弃疾再往前了，辛弃疾停下脚步，目送着杜叔高的身影消失在远方。经此一别，怕是再见无期，辛弃疾不禁老泪纵横，也许今夕何夕，再也无法重上故人堂，共剪西窗烛了。

杜叔高走后，辛弃疾有了一丝寥落。把酒话桑麻，又令他重忆起当年纵马杀敌，征战沙场的辉煌景象。曾经的理想，已在岁月的侵蚀下黯淡了荣光。等待，沧桑了辛弃疾的容颜，摧折了他的身躯。梦里，总是自己挥剑斩敌、驰骋疆场的矫健身姿；梦外，却是瓢泉青山横亘、绿水潺潺的美丽画面。每每醒来，环顾四周，辛弃疾总是喟然长叹，梦里不知身是客，只愿长醉不愿醒。

辛弃疾不知道什么时候才能回到梦寐以求的疆场，也许余生，都将只是在梦中出现的景象。但他还是抱着一丝期望。所以，当他听说来廷绍被提擢，以进阶宣奉大夫出任绍兴府时，辛弃疾非常高兴，喜曰：“可济矣，祖宗耻，可雪矣！”辛弃疾与来廷绍相识多年，知他常念祖宗之耻未雪，一心想要打回中原的河南故都，甚至自封思洛子。

当年志同道合的友人们一个个都老去，剩下的几人不是罢官就是被任以闲职。如今，来廷绍上位，辛弃疾觉得自己又看到了一线曙光。只是，他太乐观了，这一线曙光竟也只是一场烟火，转瞬即逝。也许，上天早就安排好了南宋的未来，所以，来廷绍还未来得及去绍兴就任，就在萧山病倒了，这病可谓来势汹汹，很快就卧床不起。对于自己的病情，来廷绍心里清楚，他知道自己时日无多，却又不甘中原仍为金国所占，一首《祗园临终诗》深切表明了他壮志难酬的悲愤："病卧僧房两月多，英雄壮气渐消磨。昨曾饮药疑尝胆，今天披衣似挽戈。吩咐家人扶旅榇，莫教释子念弥陀。此心不死谁如我，临了连呼三渡河。"

缠绵病榻两月余，病魔夺去的不仅是他健康的身体，还有他企图夺回中原的壮志。眼看时日无多，可他念念不忘的仍是夺回中原，就连在喝药时，也会恍惚间觉得自己是在卧薪尝胆，为着夺回中原而积蓄力量，而穿衣时，他会以为自己正在穿战袍，拿起兵器，整装待发。只是，这一切不过是虚幻，他仍是一病痛之躯，即将离世。只是，身躯虽殁，心却未死。来廷绍自言"此心不死谁如我，临了连呼三渡河"，化用抗金名将宗泽临死时三呼渡河的典故，喊出了自己渴望收复失地的决心。

宗泽是北宋末、南宋初年主张抗金名臣。他曾二十多次上书高宗，力主还都东京，并制定了一套可收复中原的方略，但均未被采纳。因壮志难酬，他忧愤成疾。临终前，他对前来探望的将领沉痛地说："我以二帝蒙尘，悲愤至此，你们多能歼灭敌寇，那我死而无恨！"又不停地念诵杜甫名句："出师未捷身先死，长使英雄泪满襟。"闻之者无不黯然泪下。直至断气，没有一语提及家事，连呼"渡河！渡河！渡河"而逝。来廷绍与宗泽的命运是相似的，两人都没能亲眼看见南宋朝廷回归中原，只能抱着遗憾而去。

来廷绍的死，无疑再一次摧毁了辛弃疾的希望。辛弃疾恸哭不已，志同道合的友人本已屈指可数，而能得朝廷重用的更是凤毛麟角了。原以为，来廷绍的擢升，打开了收复中原的一扇门，孰料，来廷绍就这样离去了。

来廷绍死后，其子师安、师周将其葬于湘湖方家坞，并请辛弃疾为其父写墓志铭。辛弃疾怀着极为悲痛的心情撰写了墓志铭。墓志铭分为志和铭两个部分，其志曰："又卒矣！呜呼，岂天下之不欲平治天下也哉！不然，胡为来、陈相继而殁，已焉哉！"其铭曰：壮志愤愤兮扶社稷，忠诚烈烈兮贯金石。怀抱郁郁兮未获伸，友义偲偲兮同扶策。皇天不憖兮夺其年，国步艰难兮谁共力？湘水苍苍兮荫佳城，千秋迢迢兮知来宅。"

在墓志铭中，辛弃疾悲叹，又一个志同道合的友人走了。看来上苍也是不欲见天下太平，否则，为何陈亮、来廷绍相继而去呢？

陈亮与来廷绍是亲密的战友，两人未中进士以前，经常在一起议论国事。来廷绍曾多次督促陈亮诣阙上书，提出改革政治、经济、军事的方案，均未被采纳，而"朝廷恶其切直"。自此以后，来廷绍晦迹读书，志益奋激。绍熙四年（1193），他和陈亮同中进士，当时的士大夫都说："来、陈俱登第，恢复有期矣！"可如今，两人都离世了，恢复大计无人摇旗呐喊了。所以，辛弃疾在铭中慨叹“皇天不憖兮夺其年，国步艰难兮谁与共”，没有人为着国家与他一起拼搏奋斗了。

自此，辛弃疾心绪更为低落，寂寞和苦闷充斥了整个内心。有时，他甚至可以呆坐整日，啥也不干，即使是家人来唤，他也只是虚应两声，便又跌回自己的神游中去，面色也是忽喜忽悲。家人见他那份模样，知他又想起了过往的那些际遇，便随他去了。

这一日，辛弃疾独自一人坐在停云堂里发呆。停云堂可称得上是他的书房，他为此处命名曰“停云”，所取乃陶渊明诗意。辛弃疾在停云堂四周遍植松竹。闲来无事，他便到此赏赏美景，写写诗词。苦闷不堪时，停云堂更是他宣泄的好地方。

恰逢这日天气晴朗，山色水光映衬之下，停云堂的风景别有一番情致。辛弃疾想起自己素来喜欢在此处吟诗作赋，写就不少关于停云美景的词作。

邑中园亭，仆皆为赋此词。一日，独坐停云，水声山色竞来相娱。意溪山欲援例者，遂作数语，庶几仿佛渊明思亲友之意云。

甚矣我衰矣！怅平生、交游零落，只今余几？白发空垂三千丈，一笑人间万事。问何物、能令公喜？我见青山多妩媚，料青山、见我应如是。情与貌，略相似。

一尊搔首东窗里。想渊明、停云诗就，此时风味。江左沉酣求名者，岂识浊醪妙理！回首叫、云飞风起。不恨古人吾不见，恨古人、不见吾狂耳。知我者，二三子。[1]

即使是美景当前，辛弃疾的内心仍是苦不堪言，开篇他即引用孔子语“甚矣吾衰矣，久矣吾不复梦见周公”。这声慨叹，既有对时光飞逝的慨叹，也有对自己一事无成的伤感。剩下的日子寥寥无几，可他收复中原的理想却如镜中飞花，水中明月。不过是轻轻一声喟叹，却带出几许的心酸和落寞。

理想实现不了，志同道合的友人也走得差不多了。知交零落，所余者也没几人了。白发徒长了三千丈，人间万事还是付之一笑吧。李白曾言:“白发三千丈，缘愁似个长。不知明镜里，何处得秋霜。”辛弃疾也感叹“白发空垂三千丈”。只因他们两人有着共同的心声，都是过知天命的年纪，却始终饱受排挤和打压。都是直至暮年依然怀才不遇，政治理想不得实现。这份愁苦，这种悲愤，他与李白即使相隔几百年时空，却有着深刻的共鸣。

诉说了困境，辛弃疾也想表达自己的心意。既然这朝堂容不得他，那就归隐于山水，做个逍遥自在的江湖人，远离庙堂纷争。辛弃疾自言，唯有青山能令他欢喜，他见青山妩媚，青山见他也应是如此。

辛弃疾感叹，陶渊明写就《停云》诗时，是不是和自己处于相同的情境：长身而立，一杯浊酒，东窗独酌。可惜当年那些江左酣酒求名者，哪里能识得酒中妙理。回首高唱“大风起兮云飞扬”，

[1]摘自辛弃疾《贺新郎》

不恨吾不见古人，恨古人不见吾狂也。刘邦也曾写就《大风歌》一词："大风起兮云飞扬，未加海内兮归故乡，安得猛士兮守四方。"表达自己迫切需要人才的心意。辛弃疾悲叹的却是，朝廷宁可弃良材而就朽木。"举世皆浊我独清，众人皆醉我独醒"，这就是辛弃疾的悲哀。

原本为了抚慰心情，哪知心情越发不能平静。辛弃疾想起过往，不禁悲从中来，他所有的理想，所有的雄心，都在时间的狂流和命运的戏弄下消失殆尽。英雄暮年，还有何盼，罢了罢了，还是在这期思山下，瓢泉旁边，含饴弄孙，颐养天年。

晚年的辛弃疾就是如此的纠结，面临每一个可能的机会时，他总是欢欣鼓舞，斗志再燃；面临每一次的失落时，他又不得不退而求之，以山水慰之。

第六幕　再起

江头未是风波恶，别有人间行路难

01 | 知绍兴府兼浙东安抚使

瓢泉的山清水秀，泥融飞燕，虽可以将辛弃疾的心境勉强置于一种闲适静谧的状态中，但那股郁积在他内心深处的愤懑，却无论如何也消除不了。子孙满堂的天伦之乐，辛弃疾在全身心投入这种越渐和睦的氛围时，总会有一种无以言说的无力感滋生出来。

所以，每当辛弃疾兴致勃勃地和自己的儿孙们高谈阔论时，总会有那么一个触动点出现，有时候是关于一个人物年轻时的踌躇满志，有时候则是某个朝代积极抵御外辱的英勇。诱因可以很多，但每次引发出来的结果却都是一致的，每当这时，辛弃疾总会将目光游离开去，连带着思绪也飘离起来，或穿梭到过往，缅怀曾经的热情豪迈，或跳跃到未知的将来，幻想宝刀未老的可能。

辛家的子孙们对辛弃疾的恍惚早已习以为常，他们都知道辛弃疾从没彻底放弃过对宋朝的期盼。特别是五年前，朝廷重新任命辛弃疾为集英殿修撰时，这样的若有所思便越加多了起来。这样的惊喜给了辛弃疾重新点燃斗志的信心，但同时也让希冀成为毒药，日日吞噬着辛弃疾的日益衰老的心。

倘若不是每月的俸禄带着温度发到辛弃疾手上的话，有时候他真怀疑那一纸的复命书只是他遥远的梦。可是，就这样放弃等候，他又舍不得。终不想让时世就这样把他忘却，所以到后来，辛弃疾已然不清楚自己是为了相信而等待，还是为了不让相信落空而等待。

不过，幸好这样的等待没有等到辛弃疾老态龙钟才结果。宋宁宗嘉泰三年，主张北伐的韩侂胄终于实权在握了。为了给自己一个扬名立万的机会，也为了重振华夏民族的雄风，他开始积极起用那些曾坚定站在主战派阵营中的人士。这样的集结，又怎会缺少辛弃疾这个因主战而数次被贬的坚强斗士。

关于韩侂胄的不耻，他早有耳闻；关于韩侂胄的为所欲为，他也颇有微词，但是当他一生渴盼的北伐中原的梦想就在眼前时，这些小小的瑕疵与不满也就可以忽略了。毕竟韩侂胄还是做了实事，而他也年事已高，再不趁此机会出仕，统一中原的梦想恐怕再无机会实现了。所以，辛弃疾将所有的目光都集中在即将要施行的北伐上，似乎只有这样才能渐渐消弭位于大统一目的上韩侂胄的小动机，才不枉他此番带着性命出行的决绝。

有些欣喜与知遇之恩还是要适时表达的，于是，辛弃疾在不久之后就赋词一首，一表自己对于新希望的憧憬。

西湖万顷，楼观矗千门。春风路，红堆锦，翠连云。俯层轩。风月都无际。荡空蔼，开绝境，云梦泽，饶八九，不须吞。翡翠明珰，争上金堤去，勃窣媻姗。看贤王高会，飞盖入云烟。白鹭振振，鼓咽咽。

记风流远，更休作，嬉游地，等闲看。君不见，韩献子，晋将军，赵孤存。千载传忠献，两定策，纪元勋。孙又子，方谈笑，整乾坤。直使长江如带，依前是、保赵须韩。伴皇家快乐，长在玉津边。只在南园。[1]

铿锵有力的短句就这样在全篇中铺陈开来，潇洒凌云的气势丝毫不输年轻之时。身在临安西湖的他，除了见证所有的风月外，就连飘荡在红尘间的红锦绣、翠涟漪也都涵盖在内了。辛弃疾只想通过这样的风景将往昔间发生在这里的将军战、士兵闯都展现出来，似乎凭着这些过往的辉煌，英勇的宋朝将士们就能把穿过淮河，直逼金军阵营的梦想全部实现。

属于辛弃疾的这份强烈期许，随着那份“绍兴府兼浙东安抚使”任命书的到来，终于有了一个完满的结果。辛弃疾十分乐意地接受了这份任命，并且连即刻走马上任的心思都有了。

可是，没想到的是，自己的此番作为，竟成了朋友对自己失望的依据。当黄干的信带着轻微的嘲讽扑面而来时，有那么一瞬，辛弃疾开始怀疑自己的决定是否正确。毕竟，黄干在信中都这样说了：“……古之立大功于外者，内不可以无所主。非张仲则吉甫不能成其功，非魏相则充国无以行其计。今之所以主明公者何如哉？黑

[1]摘自辛弃疾《六州歌头》

白杂揉，贤不肖混淆。佞谀满前，横恩四出。国且自伐，何以伐人……”[1]

辛弃疾知道黄干反对自己出来任职，并不是对自己的能力或者才华有所怀疑。毕竟，如今这个世道，黑白之间的界限太过混淆，黄干是怕辛弃疾会将自己的贤能用错地方，成为别人建立功勋的工具。

这些是非黑白，纵使辛弃疾远离庙堂已有八年之久，身在江湖的他对于政局还是有所了解的。但当个人的利益与整个北伐相比时，前者是那么的微不足道。因为，他不会去奉承韩侂胄想要建立丰功伟绩的心，只想对得起自己的操行。要他为此而放弃主战的信念，放弃整个北伐，那么他就是将此生的抱负，甚至是祖父的期望置之不顾。所以，就算没有朋友的理解和祝福，他还是要凭着他六十四岁老骥伏枥的姿态，将自己从未变过的志向，施行下去。嘉泰三年六月十一日，辛弃疾正式到任，出任绍兴府兼浙东安抚使。

到任后的辛弃疾不顾长途奔波后的虚弱，仅休息了一天，就开始认真查阅关于自己辖区的资料。为了探知下面传上来的消息的真实性和严重性，辛弃疾还特地到街头和田中走访，近距离查探百姓的生存状态，以及农民们的生活现状。

辛弃疾明查暗访还没半个月，就了解了两起对农民伤害特别大，情节特别恶劣的事件。一是：一些地方官吏，不仅严苛地向农民征

[1]摘自黄干《黄勉斋先生文集·与辛稼轩侍郎书》

收朝廷明文规定的税赋，而且还自行巧立名目，坑拐农民的剩余收获，使得好多百姓都食不果腹，衣不蔽体。二是：有一个大吏，在位四年，竟凭着这样的“独门生财之道”，硬生生刮走了百姓六十多万斛的面米，以及百余万的钱财，并将这些钱财和粮食藏在一个仓库里，为了不让朝廷怀疑，他还欺骗朝廷官员，说他是用这上百万的钱财买的。当事情快要败露时，他竟把这些钱都盗走，从此不见了踪影。

这两件事对于农民的迫害实在太过严重，倘若不上报朝廷严肃处理的话，那么迟早会失去民心。不过，辛弃疾也知道，凭他为官几十载的经验，既然那个逃逸的大吏能在四年后的今天才败露，那么在他管辖区中危害百姓的事，定然就不止这两件。于是，在此后的半个月中，辛弃疾加大了查访的力度，试图将那些危害百姓生活、侵害百姓利益的事都给挖出来，然后一一进行上报和处理。

事实上，最后的结果也都在辛弃疾的意料之中，短短一个月时间，辛弃疾便查出了六起伤害农民甚重的事。为了不让这些伤害还有继续的可能，辛弃疾立即将这些情况一一向上级报告，以期能及时查明和解决，以解百姓之苦。看着百姓终可以安居乐业，不再受饥饿之苦，辛弃疾心上悬着的石头才稍稍放下了点。虽然，关于“沙场秋点兵”的念想还是没能实现，但“攘外必先安内”的道理还是必须遵循的。

这日，趁着等待朝廷进一步指示的空隙，辛弃疾约同自己的好友姜夔、丘密等人一起前往秋风亭登高望远。

之所以约到秋风亭，是源于之前辛弃疾偶然路过时，发现由此望去的风景颇为壮观，颇能引发壮志男儿的凌云之志，所以他特地命人将这里修葺了一番，以便年轻的志士们能有一个可以畅谈豪情的地方。辛弃疾一行登高望远，极目远望宋朝的山河，想着中原地区饱受苦难的中原百姓，不禁黯然神伤，随即吟出一首《汉宫春·会稽秋风亭观雨》。

亭上秋风，记去年袅袅，曾到吾庐。山河举目虽异，风景非殊。功成者去，觉团扇、便与人疏。吹不断，斜阳依旧，茫茫禹迹都无。

千古茂陵词在，甚风流章句，解拟相如。只今木落江冷，眇眇愁余。故人书报，莫因循、忘却莼鲈。谁念我，新凉灯火，一编太史公书。

秋风吹拂过亭上的风景，却将满满的感慨留在亭中人儿的心中。触动辛弃疾发出忧思的除了眼前的山河风景外，还有那曾经辉煌过的伟人们。可是，这么多的豪情壮志却在这枯木落叶、风凉水冷的季节中，有了忧愁的痕迹。其实，并不是他不想回家，不思念鲈鱼的美味，只是事未成，业未建，他只能在每个凄凉的秋夜，秉烛夜读太史公的《史记》。

兴许是辛弃疾这样一番的感叹太过煽情，抑或是那些存在姜夔心中的悲叹并不比辛弃疾少，姜夔也随即赋词一首，依然是《汉宫春》的词牌："云曰归欤。纵垂天曳曳，终反衡庐。扬州十年一梦，免仰差殊。秦碑越殿，悔旧游、作计全疏。分付与、高怀老尹，管弦丝竹宁无。 知公爱山入剡，若南寻李白，问讯何如。年年雁飞波上，愁亦关予。临皋领客，向月边、携酒携鲈。今但借、秋风一榻，公歌我亦能书。”

秋风摇曳，秋雨密集，这多么像他们身后的宋朝，在风雨中飘摇，摇摇欲坠。他们想要力挽狂澜，想要将满腔的热血洒落在每次抗争的路途上，成为祖国慢慢崛起的绝对支持，但世事无奈，朝廷的软弱，让他们的身躯渐渐衰败的同时，也让他们的激情与澎湃慢慢耗尽了。

其实，对于“男儿要当死于边野，以马革裹尸还葬耳”的壮烈，他们向来都是极其推崇的，战死沙场，客死他乡，他们从不曾畏惧。就算有一天，这片他们拼死保护，以鲜血换来安定的土地，会在不久之后慢慢地将他们忘记，他们也不会害怕。因为，他们更怕他们走后的世界，会给他们的子孙带上亡国奴的帽子，从此卑微地活着。

02 | 千古京口

南宋朝廷偏居临安，“直把杭州作汴州”，对金割地称臣，岁岁进贡的耻辱过往，让辛弃疾痛心不已。当飞逝的时间划过他六十四岁的年轮时，辛弃疾不再那么乐观了，眼看岁月在不断地侵蚀他的血肉之躯，而一切似乎都岿然不动。怅然若失之间，一纸“绍兴知府兼浙东安抚使”的任命书将他扶上正路，沉寂良久的雄心再次勃起。

此时的南宋朝廷，由赵宋皇室的裙带之臣韩侂胄把持。只是这一年，他的姨妈宪圣太后吴氏和侄女宁宗皇后韩氏先后去世，他失去了两座得力靠山，且因之前的“庆元党禁”，他与势力深厚的道学学派之间呈分庭抗礼、朋党交攻之态，这一切暗中的不利因素让位重权高的韩侂胄心生不安。为了巩固和维护自己的权位势力，韩侂胄召见谋士听取改良之策。

有人上书韩侂胄，“水能载舟亦能覆舟”对君臣都适用，想要稳固自己的地位，首先要赢得人心，只有民众拥护，方能执掌一方权势。北伐讨金，正是当前众望所归的大事，借此巩固自己的实力，建立自己的权威，再合适稳妥不过。而当下的道学学派（即理学）的势力不可小觑，他们集聚了当今无数的谋才勇士，如果能向他们伸出橄榄枝，网开一面，定会赢得绝大多数民心。而在道学学派中，辛弃疾的影响力不小，且才干智谋过人，在朝廷的主战界素有威望，若能收服他，不仅赢得民心，而且还可以借用他在主战界的威望，筹谋备战北伐，一举两得，何乐而不为？

韩侂胄对这一建议欣然接受，随即对“庆元党禁”中遭到整肃的道学人士采取了弛禁政策，并在最短的时间内让宁宗拟旨召见辛弃疾。就这样，一份还留有圣上双手余温的圣旨送到了辛弃疾手上，圣旨大意为召他“言盐法”，兼带商讨伐金之计。

嘉泰四年（1204）正月，年味浓稠得如一碗化不开的“浮元子”，萦绕着辛弃疾的全家。正当他享受着儿孙绕膝的天伦之乐时，一道流淌着滚烫诚意的圣旨，无比轻盈地落到了辛弃疾手中。已是桑榆晚景的辛弃疾对这份意外之喜竟一时凝噎，万千思绪和情感奔涌而来，为表混沌迷乱、激动难耐的心情，辛弃疾挥笔写出《六州歌头》：“千载传忠献，两定策，纪元勋；孙又子，方谈笑，整乾坤。”

词中句句透着谄媚之意，寥寥几句将韩侂胄拍得心酥气软。这个拼尽全力只为获得一个讨伐金国的机会，不惜放下自己满身的傲骨，几乎低到尘埃里的老叟，谁又忍心责怪他呓语般的癫狂发作？

这个快要灼伤他精神的英雄梦想，在此刻终于有了“守得云开见月明”的敞亮感。机遇复来，辛弃疾积极应召，待从头，收拾旧山河的愿望指日可待。兴奋之余的他不忘给自己的老友陆游通知一声，陆游见老友瞬间神色焕发，精神大振，也是喜上心头，连连表示祝贺，并即兴赋词一首："中原麟风争自奋，残虏犬羊何足吓！但令小试出余绪，青史英豪可雄跨。"

怀揣着伐金大计的辛弃疾，不容逗留，略作安顿，即刻起身前往临安。面对心中满得快要溢出的谏言，辛弃疾竟激动得夜不能寐。我故国河山，再无战争烦扰，永享和平的大好境况指日可待了。

正式觐见宋宁宗，先是与之讨论盐法，然后当宁宗提及如何处置敌国问题时，辛弃疾慷慨陈词，并抛出了"敌国必乱必亡，愿为应变之计"的言论。辛弃疾认真分析金国当前的形式，敌国正值内忧外患交困的时期，内部因为饥荒，各地农民起义此起彼伏，宫廷内部叛乱，内耗不断；而外部形势更是不容乐观，北面的蒙古国势力不断壮大，对金国也是虎视眈眈。这些因素都有利于我方伐金，只要认真筹划准备，胜利在望。"他根据敌我双方实际情况，提出了北伐大计成功的三原则：'无欲速''审先后''能任败'。"[1]

因为辛弃疾一直未忘雪耻前辱的志向，加之数年之前一直密探敌情，让他熟稔国事。宁宗见他用心至深，句句确凿，深为感动，立即给他加官为宝谟阁待制、提举佑神观，还特许他可定期朝见皇帝，一起商讨国事，汇报军情等。

朝廷主政的韩侂胄非常清楚辛弃疾的主战决心和过人才干，但通过这次觐见，他看到辛弃疾依然个性桀骜，若与他共事，自然是

[1]摘自姜天蔚《"镇江女婿"辛弃疾轶事》

难以驾驭。就在宋宁宗前谏言，说辛弃疾虽谋略过人，但年事已高，令其在前线带兵作战，恐是不妥，若能坐镇京口，彼时用兵，前后配合，岂不妙哉。于是，嘉泰四年（1204）三月，已是六十五岁高龄的辛弃疾被调任镇江知府，以委以军事重任的理由赐给金带。

镇江知府的职务其实只是一介文官，但辛弃疾并不在乎，仍对此次起用无比期待。他在给钱象祖的信《贺钱同知启》中提到“慷慨功名，有谋必尽，周旋内外，靡劳不宣”；“虽周伯仁怅望神州，共当戮力；然管夷吾复生江左，此复何忧”。[1] 字里行间流露着他待命匡复河山，恢复中原的赤诚渴望。

辛弃疾的一生与镇江有着不解之缘，他南渡之初就曾寓居京口（即镇江），所以常来此地，备感亲切。辛弃疾也深知镇江在国防前线中的重要地位，历来都是兵家险地重镇，进可攻退可守，与淮河长江相连，只要起兵与金国对垒，此地绝对是绝佳之地。

辛弃疾到任后，看到数十年来缺乏训练、装备不齐的朝廷军队急需重振士气。因此，他一方面加紧训练军队，下令在江淮一带招募兵士一万人，赶制红色战袍一万套，声势浩荡，军心高涨；另一方面他不惜重金，派军事密探深入金人心腹之地，摸清金兵的部署战略、军队将帅的底细以及后方粮草供应的情况，并及时分析斟酌，以防疏漏。他积极制定北伐计划，一时干得风生水起。

虽然军事是他关注的重心，但他也不忘为当地老百姓谋福祉，经常四处走访，体察当地民情，关切民间疾苦，重视文化教育。当

[1]摘自邓广铭《辛稼轩诗文编年笺注》

他看到当地学堂因为经费不足而关门，教书先生归田耕作，众多儿童只能在街边游逛玩耍，荒废学业时，辛弃疾立即下令将薛村的官田下拨，以弥补学堂经费，让儿童及时接受教育。

镇江又是一个历史文化悠久的地方，文物古迹也特别多。当辛弃疾看到当地的历史名人范仲淹、沈括等的部分遗迹，因年久失修而显得败落凋零时，备觉心痛，立即命人修复。

在关切民众生活之余，辛弃疾也不忘以词会友，结交当地的知识分子。他常与意气相投的友人在京口素有“天下第一江山”的北固山上对景把盏，吟诗赋词，共叙豪迈情怀，他的名篇《南乡子·登京口北固亭有怀》即作于此时。

何处望神州？满眼风光北固楼。千古兴亡多少事？悠悠，不尽长江滚滚流。

年少万兜鍪，坐断东南战未休。天下英雄谁敌手？曹刘，生子当如孙仲谋。

身处江山雄伟处，眺望滚滚东流长江水，辛弃疾不免豪情奔涌，发出了“生子当如孙仲谋”的慨叹。这也是他的心声，期望南宋朝廷能如孙权般，不畏强敌，坚决抵抗。

就在辛弃疾积极为国家的命运奔走时，独揽朝政的韩侂胄也积极地为北上抗金准备着，一方面在舆论上不断造势，首先在镇江为抗金英雄韩世忠建庙祭祀，还追封已逝岳飞为鄂王，并夺回秦桧的忠献谥号，改为谬丑。韩侂胄这一崇岳贬秦的造势行为，赢得了朝廷主战派的好感；另一方面也不忘派使者前往金国刺探军情，得知金国国势已经走向衰败，此时南宋伐金，定能大胜。

以韩侂胄为首的官员对抗金开始变得盲目乐观，一时间抗金的呼声持续高涨。看到此种激进的情形，辛弃疾出面更正，称现在金国的势力虽较之前有所削弱，但军队实力非我方轻易就能抗衡。他还拿出自己千辛万苦搜集到的锦图给大臣们看，锦图上非常清楚地标注着金兵的兵马数量、驻扎地点，甚至是将帅的姓名，所有信息显示金国的军队依然强大，目前出兵攻金，对我方非常不利，我军的作战计划必须更细致更有针对性，取胜才更有把握。

此图虽有一时的震慑力量，但韩侂胄对自己的作战计划颇有把握，对辛弃疾的建议并不以为然。忧心忡忡的辛弃疾难以排解自己内心的愤懑之情，时常沿着京口的东吴古道，独身一人拾级而上，凭栏远眺，北固山以北，可望之地全属金国，中原旧疆，收复无日；往南目之所及山河虽好，无奈仅存半壁，他心心念念不忘的壮志，此时陷入无比难堪的境地。国家失地未收的痛楚，民族屈辱未洗的遗恨，对山河大地的缱绻眷恋之情纠缠在一起，令辛弃疾不得不一吐为快。

千古江山，英雄无觅，孙仲谋处。舞榭歌台，风流总被雨打风吹去。斜阳草树，寻常巷陌，人道寄奴曾住。想当年，金戈铁马，气吞万里如虎。

元嘉草草，封狼居胥，赢得仓皇北顾。四十三年，望中犹记，烽火扬州路。可堪回首，佛狸祠下，一片神鸦社鼓。凭谁问：廉颇老矣，尚能饭否？[1]

辛弃疾借词感怀历史英雄人物，京口自古就是豪杰集结之地，三国时期的江东才俊孙权在这里运筹帷幄，最终成就了一番霸业；南朝宋武帝刘裕率领千军万马，以气吞山河之势击垮北方曹操的军队，最后一统江山，威震四方。字里行间流露着对英雄的敬仰之情，还有对英明国君的无比渴望，也有对当前轻敌冒进的痛惜之情。

白发披甲、志在平定中原的辛弃疾怎能在此时安享清净，独守后方？想到此，忧虑愁思一发不可收，在辛弃疾的心间蔓延开来，当今把持朝政者能否真正领会自己的意图，是否真的可以做到“以史为鉴”，明兴替之规律？一切都是未知数，且希望实在渺茫。

也许，还应该心怀侥幸，因为京口还称得上是辛弃疾的福地。他在这里得到了如花美眷，收获了事业初丰收的欣喜。四十年后，得以重返此地，应是机缘巧合，这片孕育过无数英雄豪杰的热土，理应容得下自己的一腔报家国之恨的热忱。

[1]摘自辛弃疾《永遇乐·京口北固亭怀古》

03 | 廉颇老矣，尚能饭否

“燕赵自古多侠义”。战乱岁月中出生在山东的辛弃疾，年少时就已熟读兵法，苦练剑术，不仅有过人的军事天赋，而且还是一位难得的治世理政之能臣。在镇江知府任上，辛弃疾倾尽全力，将各项工作干得有声有色，北伐准备工作更是丝毫没有懈怠。

当听闻南宋朝廷拿出高宗之前的《亲征诏草》昭示，以示南宋抗金力敌的坚定决心时，辛弃疾欣喜若狂，当即写下《跋绍兴辛巳亲征诏草》一文，他在文中说“使此诏出于绍兴之初，可以无事雠之大耻；使此诏行于隆兴之后，可以卒不世之大功。今此诏与此虏犹俱存也，悲夫”！虽然他心中持有对南宋朝廷的忧愤之情，但内心涌动着的依然是强烈的民族使命感。他对这次难得的机会也是分外珍惜，希望借这个渴慕已久的时机一展自己的抱负，为国效力，实现郁结在心中多年的理想。

因为信心高涨，心情愉悦的他时常邀约自己的老友陆游一起吟诗作词，字里行间都流露着对本次北伐战争的无比期待，颇有一番“马革裹尸当自誓”的爱国献身精神。可是随着时日的流逝，一心主战并积极备战的辛弃疾发现，自己向当政者提出北伐良策，总是如泥牛入海，没有回音。而以韩侂胄为首的一派已经开始表现出冒进和自大的倾向，对朝廷北伐充满了胜利的信心。面对朝廷这种轻敌自负的现状，辛弃疾深感忧虑。“一朝被蛇咬，十年怕井绳。”辛弃疾对南宋朝廷的屡次失信已是心有余悸，从这次被起用开始，内心就充满不安，为北伐摇旗鼓劲的呐喊声充满了怀疑，在兴奋张罗中掺杂着些许失落。

这种患得患失的心态，辛弃疾在《永遇乐·京口北固亭怀古》中一览无余地抒发出来。他说起自己“想当年金戈铁马，气吞万里如虎”的壮士豪情，以及因此而生出的“千古江山，英雄无觅，孙仲谋处”的怀疑失望，进而感叹“舞榭歌台，风流总被，雨打风吹去”的落寞。

在宁宗初次召见辛弃疾时，辛弃疾就称愿“属元老大臣预为应变计”。在之后的数次觐见中，辛弃疾都不忘提及北伐之事，并多次暗示议定一位能够一呼百应的将领非常重要，并希望将兵权交给元老重臣。他认为，这些元老重臣年少时，就已经深刻感受过外族欺压、国家分裂的痛苦，有伐金复国的强烈愿望；而从战术上来说，他们都有着抗金的丰富经验，对金国军队出兵的战略战术也有一定的了解，让他们担起这次北伐的重任，再也合适不过。

可是宁宗迟迟未作决定，年迈的辛弃疾通过词作《永遇乐·京口北固亭怀古》向当朝者自荐，准备以垂暮之年，挑起伐金大计的重担，和当年刘裕一样以“金戈铁马，气吞万里如虎”之势收复我故国山河，但也担心自己如廉颇一样，年事已高，并不能得到别人的信任，而且朝廷历来游离不定的作风让辛弃疾无限担忧，不得不从内心深处悲切绝望地反问：廉颇老矣，能饭否?

宁宗没有完全参透辛弃疾这隐晦的自荐，但是精明老练的韩侂胄却读懂了这词作里的深意，对辛弃疾这轻妄自荐与暗讽的态度很是不满，也生怕辛弃疾抢走了他的功劳。此后，他开始处处为难辛弃疾，而辛弃疾也明显感觉到自己在偏离北伐大计的主阵线。

为了那份收复故土、恢复中原的志向，辛弃疾试着放下所有的身段气节，和韩侂胄一派进行最大限度的合作，但他一味的忍让和退却似乎换不来足够的信任。1204年秋，满怀忧虑的辛弃疾做了三首《瑞鹧鸪》，在词中他写到“胶胶扰扰几时休，一出山来不自由”。将自己的忧虑和不安寓寄予词中，聊以自慰。

因为辛弃疾深知，这次复出，可能是他仕途生涯中最后一次施展抱负的机会了，如果再次错过，这辈子只能含恨而终了。但是，辛弃疾在委曲求全中还是有少许慰藉，倘若大志不能得伸，他至少可以告老还乡，回去过闲适的隐居生活，这何尝不是一种选择？所以他又以“随缘道理应须会，过分功名莫强求”的归隐之心来安慰自己，但是那份故作镇定背后的遗憾，岂是外人难够体会的。

这时的辛弃疾虽是有些许埋怨和愤懑，但也不至于彻底失望，当他看到军队井然有序地训练时，恍惚中感觉自己的希望还在，大战前将领的定夺需要反复考虑和斟酌，具体的人选也许还在商议之中。但在1205年之后，宋宁宗很少召见他商讨伐金之事，而且有了明显的冷落之感，辛弃疾开始感觉情况不妙。

开禧元年（1205）六月，宋宁宗在韩侂胄的建议下，下了一道密令:“诏内外诸军，密为行军之计。”各路军队将领齐聚朝堂之上，共同商议北伐之事，唯独没有通知辛弃疾出席。以韩侂胄为首的主战派认为北伐成功指日可待，只要起兵金国，盖世功勋定是唾手可得，而辛弃疾毕竟已年迈，加上常年饮酒，身体有恙，带兵征战，有欠妥当。因此，辛弃疾的参与可有可无，若能趁此排除异已，功名即可独享，岂不快哉?

因此，韩侂胄开始寻找机会，准备将辛弃疾从国防前线撤下来，换上自己的心腹。正如古人所言“欲加之罪，何患无辞”，1205年3月2日，正当辛弃疾积极备战，做了大量准备工作的时候，他举荐的一个小官触犯了朝廷律法，韩侂胄借此大做文章，对辛弃疾以“坐谬举之责”进行“降两官”的严厉处分，把担任镇江知府仅仅一年多的辛弃疾改派为隆兴府。至此，韩侂胄的这步棋巧妙地完成了第一步。

辛弃疾对镇江在军事上的重要地位有着深刻的认识。他曾在著名的《美芹十论》中提到 :“退淮而江为重镇，曰鄂渚，曰金陵，曰京口，以至于行都扈跸之兵，其将皆有定营，其营皆有定数，此不可省也。”当辛弃疾得知自己从镇江被撤走时，唯有哑口无言，他的担心和忧虑变成了血淋淋的现实摆在眼前，在自己的有生之年，注定北伐无望，自己收复故土的壮志，在此刻遁入禁地，顿时，悲从中来。辛弃疾深知，一旦离开镇江，自己杀敌复国的壮志，花尽心血准备的一切，都如滚滚东流的江水，一去不返。

在辛弃疾踏入仕途的四十年间，其中施政为官仅仅二十年，其余的二十年被罢黜闲居，有约三十七次的调动次数。罢而又用，用而再罢，虽是过着半官半隐的生活，但是心犹在国。每次上任，定是全力以赴，练兵，筹款，整饬政务，为收复失地随时做准备，无论何地何时何职，还不停地上书谏言。

即使罢官归田之时，白天对酒吟诗赋词，一副歌舞当前万事休的自在样，但每当夜深人静之时，快要枯萎的内心深处总会升腾起抗金报国的雄心壮志，让他无法豁达自适，唯有反复咀嚼曾经在声声战鼓催促下，杀敌猛进的显赫过去。眼下空度的时日只是自己与生命签下的不失尊严的协定罢了，统一中原才是自己生命里的最高信仰，值得用一生来供奉。而调离镇江之后，最后的救命稻草活生生被韩侂胄拆除，让他就此坠入了失望的无底深渊。

辛弃疾只感觉人生六十余载，恍若隔世。离开镇江前夕，他百感交集，忧愤之余写了一首《瑞鹧鸪》："随缘道理应须会，过分功名莫强求。先自一身愁不了，那堪愁上更添愁。"空怀一腔报国之志的遗憾之情前赴后继涌上心头。这次，辛弃疾明显感觉到自己有些力不从心了。

因爱国至深而生出无数怨气，哀其不幸怒其不争，因尽职效忠而招致无数诽谤弹劾，正因为他的爱之深，才有了恨之切，悲之凄。但自辛弃疾出仕几十年，一直周转于被用和被弃的旋涡中，并不怕别人泼来的倾盆谗言，却对剥夺他收复中原之志的行为生畏。而这种往复循环的命运貌似无止尽地在他从政的道路上铺展开来。

愁肠百结的辛弃疾独自登上郡宅旁的尘表亭，挥笔写下了深沉含蓄的《生查子·题京口郡治尘表亭》。

悠悠万世功，矻矻当年苦。鱼自入深渊，人自居平土。
红日又西沉，白浪长东去。不是望金山，我自思量禹。

辛弃疾对自己被踢出战局，未能亲自效力备感遗憾，但还是希望有人如大禹治水般，领导民众抗金北伐，收复北部山河，也算了却了终生心愿。但是当下南宋朝廷的昏庸之辈，恐是要荒废了抗金的大好形势，仍然改变不了南北分离的局势。

开禧元年 (1205) 六月，辛弃疾收拾简单行装，准备离开镇江前往隆兴就职。可辛弃疾还未踏入衙门，便接到朝廷的命令，告知他被韩侂胄一派再次弹劾，称辛弃疾“好色贪财，淫刑聚敛”，并要求即刻撤销辛弃疾在隆兴府的任命，罢去所有官职，仅留下一个提举冲佑观的虚衔。被革去官职的辛弃疾如同被捆绑了四肢的废人，他在镇江的一切设想、安排，连同他的理想和希望瞬时都灰飞烟灭了。

这年 7 月，辛弃疾带着千疮百孔的理想和万念俱灰的心情离开镇江，准备回铅山老家，度此余生。在归家的路途中，辛弃疾看着沿途的景象，禁不住满腔喷涌泛滥的怨愤，写了一首《瑞鹧鸪》。

江头日日打头风，憔悴归来邴曼容。郑贾正应求死鼠，叶公岂是真好龙！

孰居无事陪犀首，未办求封遇万松。却笑千年曹孟德，梦中相对也龙钟。

自嘲式的安慰，此生不忘的北伐复国竟如镜花水月，光影无存。还不如做一个西汉邴曼容式的逍遥人儿，谈歌笑傲，与韩侂胄之流划清界限。

英雄迟暮事事皆休，无奈之下的辛弃疾被迫选择了归隐，但这次退居田园，他再也无年轻气盛之时，每次离开官场之初如摆脱牢笼般的兴奋感。当年总感觉来日方长，报国之门总会在不远处等着他来开启，自己只需等待时机。而这次才如梦初醒般意识到，自己所有的挣扎都是一厢情愿的徒劳之举。

回到铅山之后的辛弃疾，再无安度晚年的心境，用“人生如梦”来概括自己二十多年的仕途，再也贴切不过。迟暮英雄辛弃疾和隔世英雄廉颇一般，殊途同归，余生仅剩下报国无门、空度一世的悲叹。

第七幕 浮生

我最怜君中宵舞，道男儿到死心如铁

01 ｜西山病叟支离甚

北伐的士气日益高涨，但辛弃疾的人生却再度跌入谷底。四十年间，辛弃疾在各个方面为北伐筹谋，但他却总在关键时刻被剔除出北伐议事。似乎，他与北伐的缘分，总两相走近，却会突然转个弧度，然后再度走入轮回的旋涡中。

开禧元年十一月，赋闲于铅山的辛弃疾突然接到了继隆兴知府弹劾事件之后朝廷给出的第二个调令——任绍兴知府兼浙东安抚使。

这看似是一个重新出山的机会，如今的辛弃疾如同铅山的一只困兽似的，空有一腔热血和无处可施的谋略。若他接受朝廷任命，可算有了一两点希望，让他至少可以稍微离自己痴痴念念的抗金疆场近一些。但是，辛弃疾却拒绝了这个机会。

在辛弃疾看来，朝廷此举，恐怕又是韩侂胄用意颇深的惺惺作态。半年前的弹劾事件还历历在目，无时无刻提醒着他，那抗金梦想是怎样突然夭折的，这让辛弃疾情何以堪。他已近古稀之年，也许早些时候，他尚可怀着壮志豪情，在与梦想再次失之交臂时再次振作起来，但古稀之岁，还有多少精力和豪气，能任他从头再来？

哀莫大于心死。所以，辛弃疾毅然向朝廷上书请辞。请辞理由固然有千万种，然在他心中，也许就那一份悲戚已然是初衷。可能有那么一瞬间，内心的哀默达到了绝望，让他好似突然看破仕途，连民族大义和国仇家恨也一并看破了。仕途为何？民族大义为何？国仇家恨为何？蓦然之间，四十年来的执着飘散成天日之下的一口气。辛弃疾四顾铅山的苍翠，觉得这些本已看够的景色突然有了别样清冷的颜色，不问世事似的，像极了他的心境。于是他提笔挥舞，很快地，于笔墨风间呈现一首《满江红》：

紫陌飞尘，望十里、雕鞍绣毂。春未老、已惊台榭，瘦红肥绿。睡雨海棠犹倚醉，舞风杨柳难成曲。问流莺、能说故园无，曾相熟。

岩泉上，飞凫浴。巢林下，栖禽宿。恨荼靡开晚，谩翻船玉。莲社岂堪谈昨梦，兰亭何处寻遗墨。但羁怀、空自倚秋千，无心蹴。

开禧二年（1206）五月初七，临安皇宫议事大殿上传开镗鞳之声，很快如风般从宫廷扫入了皇城的大街小巷。这镗鞳之声，是一道北伐诏书："天道好还，中国有必伸之理，人心效顺，匹夫无不报之仇！"

诏书刚下达，雪耻之情，抗金复国之意，就在瞬间，在南宋的人心中噌地再度燃烧起来。历史将这次即将开始的北伐称为"开禧北伐”。南宋就此走向了历史的转折点。

北伐的诏书很快就传入了辛弃疾耳中。闲居铅山的辛弃疾似乎听闻一阵风呼啸而过，蓬勃的气势尚来不及喷薄而出，便只余留木叶沙沙的响动。他的心和热血，也如同这急风，一瞬间跌宕了好大一个来回，然后又沉寂下来。北伐，这件他一直切切盼望的事，终于发生了，只不过是在他双手所能及之外急速地铺展开来。

北伐复国，他渴望了四十多年，甚至也一直梦想着能慷慨激昂地驰骋沙场、运筹帷幄。为了这个梦想，他拼搏了四十多年。从一开始的山野无名，到现在病卧铅山，这无常的岁月消磨了他太多的资本。也许，他也曾离梦想很近。

但如今的现实是，辛弃疾被困于铅山。对于他朝思暮想并为此殚精竭虑的北伐，他只能是一个旁观者。铅山苍翠连绵，一起一伏的山头隔断了塞外的战鼓弦音。北伐的战场遥遥不可见，但辛弃疾因此更加渴盼见到北伐的场景，哪怕是一兵一马也好。他固执地凝望着战场的方向，好像试图将青山看破，将林木看穿。终于，战场上的硝烟和人马，似乎在他眼中有了模糊攒动的影子。

“叠嶂西驰，万马回旋，众山欲东。”连绵的青山成了奔驰的战马，千峰万壑如同回旋的阵仗，其间林木重叠，好似马上骑兵。

但是，现实是不会被幻境征服的。北伐战争正在进行着，辛弃疾别说参与，就是旁观也无法亲眼所见。他只能心心念念地等候着最新的战况由人胫传入他耳，方能给他带去一丝一毫同情的慰藉。而这慰藉却又无时无刻不在提醒他，他始终坚持的梦想，正分分寸寸地消逝，就好像一个痴心绝对的男人，看着自己钟爱一生的女子在别人怀中，一分一秒地奉献并消磨着她的青春年华。辛弃疾日日挂念着北伐的疆场，终于忧劳成疾。

北伐是他毕生的梦想，或许在他出生时，就已经注定了他会为北伐复国劳心一辈子。他的血液中有将门的铮铮韵致，他的生长环境又将抗金北伐的铁血念头深深融入他的骨髓，所以，即便铅山能够困住他的人，也困不住他无羁的情怀。辛弃疾自嘲，即便是老来享闲，兽毕竟是兽，总有驰骋疆场的本能，如同他曾经说过，“老合投闲，天教多事，检校长身十万松”。

北伐战争如火如荼地进行着，辛弃疾的心终日不得安歇，时刻牵着抗金复国这一生“钟爱的情人”。他关注着它如何开始、如何进行、如何转折、如何随机。可惜的是，日日传到他耳中的战况，却是一日不如一日。他的病，也一日一日地加重了。

其实，辛弃疾早就料到今日的结果。两年前，辛弃疾积极地为北伐筹备，他搜集到的情报也显示北伐时机未到。当下的北伐，一开始就失了天时地利的优势。而北伐之所以开始得如此突兀，实是因韩侂胄急于以“立盖世功名以自固”。掺杂了私欲的动机，怎能成就民族大业呢?

每日得到的北伐噩耗让辛弃疾激愤不已，想到自己往日所作的种种筹备，提出的种种建议，他捶胸顿足。官场仕途他无法控制，可惜牵连了他的北伐梦想。之于北伐，他所作的种种努力都让韩侂胄毁了。他想北伐，是出于民族大义，韩侂胄却是为了一己私利。如今韩侂胄手握军中大权，他辛弃疾却两度退离，最终卧倒于苍莽铅山，成了病骨支离的铅山老叟。

终于，最终的噩耗传入了辛弃疾的耳朵。开禧二年十月，金兵分九路南侵，所到之处，南宋部队几乎是望风而逃。这种惨状，真正是“百年教养之兵，一日而溃；百年葺治之器，一日而散；百年公私之盖藏，一日而空；百年中原之人心，一日而失矣”[1]。

短短几个月，兵溃、器失、财空、心散，原本铿锵又杀气腾腾的北伐，落成正奏鸣的雄壮悲歌。

此时的辛弃疾，本就忧劳成疾多日，如今眼看自己毕生的梦想就这么毁在旁人手中，顿感痛心疾首，他捶胸顿足间几近一命呜呼。

开禧二年十一月，金兵继九路南侵之后，其前锋终抵达长江北岸，江南大震。恰逢此时，四川宣抚副使吴曦公开叛变，投降金国。一时间，南宋内忧外患。

金兵的入侵势如猛虎噬人，眨眼之间就将南宋国土撕咬得体无完肤。从宋宁宗下达北伐诏书到金兵侵入长江北岸，不过短短六个月时间，事态竟翻覆得如此彻底。

终于，兵败涂地。

辛弃疾被困于铅山忧劳病倒，听闻宋军彻彻底底的溃败，再次心气郁结。正值金戈铁马的离乱年代，辛弃疾有一身的抱负和力量，当为时代所用，可这英雄才情却偏偏总被雨打风吹去。就是正值铁血男儿时，辛弃疾尚且未能施展将相潜能，更何况现如今他已为病

[1]摘自《丙子轮对札子》

叟，那运筹帷幄的机遇和年代，已经离他越来越远了。他除了眼观硝烟的风华如何消散，民族的气势如何落魄之外，还能干预些什么呢？

如今国破、梦碎、人老、病垂，辛弃疾平生的激昂和辛酸，豪气和浓情，一时并集，激荡于胸，久未能平。眼看目之所及，只见铅山青葱，林木遍野。木本不知悲欢郁结，亦不知民族大义，尚且代代更替，更何况尝尽慷慨悲愤的沧桑男儿，他恍然觉得，自己原来已经这么老了。他闭上眼睛，咽下泪水叹一口气，说到："可惜流年，忧愁风雨，树犹如此！倩何人，唤取红巾翠袖，揾英雄泪。"[1] 可惜，无人能领会他的意思，也没有知心红颜以柔情为他拭泪，以慰藉铁血的伤，这苍茫铅山有的，只是满山翠崖和无尽的苍茫寒气罢了。辛弃疾依然被困在远离金戈铁马的世外，卧倒于铅山苍翠的环绕之中，道一句"铅山病叟支离甚，欲向君王乞此身"[2]。

[1]摘自辛弃疾《水龙吟·登建康赏心亭》

[2]摘自辛弃疾《丙寅九月二十八日作来年将告老》

02 | 最后的努力

开禧二年底，离金兵入侵长江北岸已经过去一个月。此时的南宋沉浸在北伐失利、金兵入侵的沉痛和惊恐当中。

当下正值风饕节气。这凛冽的风，无情地将南宋人民惊惶又灰丧的心也卷入，一并携夹着荒凉的凄草漫天飞旋起来。

连日来，辛弃疾浑身都感觉到一种内外交加的彻骨冷意，于是他不分昼夜地斟杯饮酒，欲取酒暖胃，抵御这来势汹涌的寒潮。而每当酒下数杯，穿心刺骨的悲戚和愤慨便伺机而发，借着醉言尽吐一番郁气和悲怆情怀。

光阴的荏苒、多舛的命运、毕生梦想和民族理想的破灭，这种种坎坷加在一起，还有什么能比之更能捣碎一个已失去大好光阴之人的心？

这天，辛弃疾再次酒醉，他的思绪飘忽起来，浮想着其生命中的种种坎坷。正在这时，突然一声悠长的寒鸦悲啼划破了铅山凝滞的寒气，然后又带着锐气穿云破雾，直向辛弃疾心口袭来。刹那之间，辛弃疾心中沉郁的辛酸苦闷如火般被“嗤”地划亮了。顿时，悲愤之情油然而生，瞬间就到了要喷薄而出的地步。辛弃疾那原本病弱的身体竟一纵而起，他挥手打翻了酒碗，然后提笔一沾满桌酒渍，手腕翻转，于墙上飞速舞动起来。一时之间，墙上攒动起交揉错杂的喜怒悲欢。

老去浑身无著处，天教只住山林。百年光景百年心。更欢须叹息，无病也呻吟。

试向浮瓜沉李处，清风散发披襟。莫嫌浅后更频斟。要他诗句好，须是酒杯深。[1]

一词罢了，寒鸦啼歇，声静风止，唯满墙酒香溢泽，细闻间，还有情愁的清苦萦绕满屋。辛弃疾停滞片刻，然后掷笔，又重回榻上，端起另一碗酒，一口一口地喝起来。然而心里，毕竟已被搅起了波澜，浑浊的往事就此一幕一幕泛出来将他噎住。这酒，喝在嘴里也就不是酒了，而是满碗的辛酸泪。

其实，这样哀愁悲愤的心情他从前不是没有过，这样自嘲的词他也不是没写过。想当年，英雄惜英雄，他与陈亮于醉里挑灯看剑，那是怎样的豪气满满。然而一醉过后，词里写的还是辛酸和困苦。似乎，从以往到现在，辛弃疾的命运总是大同小异。他怎么也摆脱

[1]摘自辛弃疾《临江仙》

不了抗金志愿的束缚，却也走不近恢复中原的疆场。他的情愁和牵挂就这么在铁血豪气和酸楚忧怀中徘徊。在这轮回反复中，他固然遇见了知音和君子，淡雅的交融给他带去了慰藉，也在他的抗金梦想上不断添火，让他的执着更加执着，然而，在他梦想死亡、白发斑驳之时，他却依然是孤身一人。那些豪情壮志、英雄相惜，以及金戈铁马的才略胸怀，如梦一般，皆在这铅山的寒夜中浅浅入眠了。

辛弃疾最后饮了一碗酒，然后也于酒初暖时入眠了。

墙上的酒渍犹在，但已然开始斑驳淡化，快要看不出当时写词人入笔的力度。辛弃疾这些年为抗金北伐所作的所有努力也正如这酒词一样，不论当时是怎样的入木三分，也渐由不测的际遇淡化得斑驳，似乎不曾有过一般。他终归于“南宋北伐失败”这一浓墨重彩的历史中不沾颜色。反之，融入了铅山冬夜的墨色中。也许，他真得在这墨色的山林中老去。

然而，辛弃疾的命数，就在这看似已成定局时，突然有了转变。

朝廷突然又下达了一个对辛弃疾的调令——出知江陵府。

接到调令时，辛弃疾愣住了，有那么一会儿他仿若一个石人。让他如此震动的并不是江陵知府这个官位，而是朝廷给出的一个附带要求：赴临安陈述对时局的看法。

出知的委任并不令人欣喜，辛弃疾不是没有过未就任就遭弹劾的经历。然而，朝廷却要他就任前去临安陈述对当下时局的看法，这是不是说明，朝廷终于要重视他的看法了？

辛弃疾隐隐感到有一股冲动和勃发之气在他的血液中涌动。他身上的恶疾似乎也开始丝化，就像密密交织的发丝突然触到了火。然而多年来的坎坷经历让他不得不为自己立一道理智的防线——如今朝廷依旧是韩侂胄手握大权，而韩侂胄用意叵测的惺惺作态早已不止一两次了。

在期盼和思虑的纠缠中，辛弃疾很快做出了决定。他怀着一探究竟的态度决定给自己另一个希望。江陵知府，不当也罢，但临安，他是一定要去的。

终于，辛弃疾将早已碎成满地的梦想拾掇一番，尽数揣在怀里，然后朝临安出发了。此次出行的意义非凡，因为遭遇几次变数后，他已然时日不多了。这一次的努力，只可能有两种结局，且是截然不同的结局——要么他为国心甘情愿地鞠躬尽瘁，要么他便老死铅山，任由是非命数将他葬于铅山的厚土之中。这便是心如铁的男儿会有的宿命，一则生，一则死，正如同太过强硬的苍天大树在暴风雨后只会有矗立和折断两种结局，因为他们不可能像柔弱小草一样因懂得妥协和放弃而随风摇动。

开禧二年十二月，辛弃疾前往临安陈述对于时局的看法。陈述内容不详。召见之后，朝廷却没让辛弃疾去江陵就任，而是留之于京城，意图给他另一个职位——兵部侍郎。

朝廷此举显得用意叵测，在旁人仍不明所以时，辛弃疾却很快就做出了抉择——请辞。那一刻，辛弃疾面不改色，威严而不可抗拒地说："侂胄岂能用稼轩以立功名者乎？稼轩岂肯依侂胄以求富贵者乎？"

这二十六个字，字字掷地有声。这声音惊人耳，听上去是那么的毅然决然。然而，没有人能明白在这一刻辛弃疾内心的纠结，所以也没有人能体会，在这一瞬间他是何等的绝望，因为此时此刻，他心下已经明了，原来这突如其来的官职，只是韩侂胄的阴谋——北伐一败涂地，金兵入侵，逆贼反叛，这场戏剧性的国之惨剧太过沉重，作为主帅的韩侂胄由于承担不起如此重责，所以假借议事之名，要辛弃疾重新出山为他声援，同时在暗地里，也要辛弃疾成为分担抗金失利罪责的一员。

一时之间，愤慨和绝望并集于辛弃疾的内心，他浑身的气力如同失去控制一般开始在全身游动奔走，一会儿点燃他如雷霆般的烈怒，一会儿又让他气若游丝，绝望无助。在这反反复复的自我斗争中，内心好不容易重燃的那点点星火，就这么被一点点消耗殆尽了。终于，辛弃疾平稳了气息，转身大步离开。而他最后一次勃发的热情，也就在他转身时，彻底幻灭于皇城这气势恢弘的雕栏画栋之下。

开禧三年八月，辛弃疾六十八岁，已到了随心所欲而不逾矩的年纪。虽然这个时候的他对于有些事依旧挂念，但也早已死心。偶尔，他于酒酣之际沉睡过去时，思维会翻山越岭回到无羁的年代。在那里，他也许会再次经历祖父的严厉管教，也许会重新做一些久违的事，比如搜集情报，而若是回到了金戈铁马的男儿时，兴许那些旧日狂态会复发，让他再颐指气使一番。然而梦醒之后，他却又回到了老来闲静的模样，将这往事仔细收拾好了，又悉数放回梦境之中。

平日里，辛弃疾则收集杂著书籍偶尔看看，最为主要的活动则是投身于诗词写作当中。曾几何时他曾慨然道：“少年横槊，气凭陵，酒圣诗豪余事。”想当时年少气盛，有着一身的狂傲和满满的抱负。当时却不料，之后命数的抑扬顿挫，会生生将横空劈世的弓刀游侠打成华发累累的“酒圣诗豪”。

虽然辛弃疾纵情于诗酒，但骨子里的豪情依旧未变，依旧是那个心如铁的铮铮男儿。只是命数不怜人事，他只能将渐渐显露出的苍老化作对诗词的情怀，在诗中屡屡抒发指点江山的豪情壮志。

想到这种种，辛弃疾不禁慨叹，叹息中既有淡然又有悲凉。想来，他最近一次接触军事时局，应该要算作半年多前赴临安陈述了。当时朝廷将他留在临安，意图给他兵部侍郎一职，他拒绝了。那一拒绝，怕是把今生的希望都拒绝了。如今即便偶尔难过，却没有半分悔意。“侂胄岂能用稼轩以立功名者乎？稼轩岂肯依侂胄以求富贵者乎？”这句话他牢记于心，且真心实意地认定了这一点。他与韩侂胄，本就是两路之人，更何况两者相交，若出于叵测居心，必定会味甘以绝，这便是小人之交了。思至此，辛弃疾有感而发，随即提过笔来，写下一首《洞仙歌·丁卯八月病中》。

作贤愚相去，算其间能几。差以毫厘缪千里。细思量义利，舜跖之分，孳孳者，等是鸡鸣而起。

味甘终易坏，岁晚还知，君子之交淡如水。一饷聚飞蚊，其响如雷，深自觉、昨非今是。羡安乐窝中泰和汤，更剧饮，无过半醺而已。

贤愚之分，中间相差多少？答曰：“差之毫厘，谬之千里”。仔细想想，义和利的区别正如舜与跖的区别，有言道：“鸡鸣而起，孳孳为善者舜之徒也。鸡鸣而起，孳孳为利者，跖之徒也。欲知舜与跖之分，无他，利与善之间也。”又有言道：“故君子之接如水，小人之接如醴。君子淡以成，小人甘以坏。”如今到了晚年，更能深刻地体会到这个道理。一顿饭聚集一批飞蚊，蚊虽小，其声如雷，恍然如昨，而今终于幡然领悟，原来今是而昨非。眼下，安乐窝里有泰和汤可饮。泰和汤本需清淡地品尝，饮法有曰：“所饮不多，微醺即罢，不喜过量。”但若剧饮，也不及醉，不过半醺而已。

词罢，辛弃疾放平笔，将这首《洞仙歌》折起，收入柜橱。拉开柜门，一阵书香墨气扑面而来。这时辛弃疾恍然发觉，原来不知不觉间，收藏的诗词杂著书籍，连同从前的奏议，已经满满地占了一整个柜橱。

这些纸张于辛弃疾而言，都不只是简单的纸张而已，它们无声地证明了辛弃疾半年来的所有变化。而纵观这半年，不过只是六个月光阴，但其下却投映着辛弃疾六十八年来的所有梦想。为了这些梦想，他做过无数次努力，但最终，他的将军梦于半年前返回铅山时就画上了句号。然后，他忍痛将这一切的一切融入诗词，以文字的方式保留住金戈铁马的梦想，使得气吞万里的铁血和柔情终归留在了血液和历史当中。

03 | 浮生若梦

开禧三年（1207）九月，辛弃疾已病入膏肓，他彻底被捆绑于一席病榻之上。虽然早已卧病多时，但早个把月，他尚可驰骋于诗词中的辽原，将终未抒发的抗金豪情张扬一番。此时此刻，别说是抗金，恶疾缠身的他，就连看书赋词的精力都没有了。

现实的成就和精神的慰藉都相继失去了，辛弃疾的生命也仿佛失去了价值。他日日足不出户，只往返于病榻和药碗之间，屋子里弥漫着苦药和病朽的霉味。这样一个凄清几近腐坏的陋室，连铅山的爽气也不待见，唯一光顾的，怕是只有昼夜的光影和日月的色泽了。辛弃疾每日除了迎接日月这唯一问津的客人，便只能沉睡于生死之间的间隙，半死不活地做着一些零散的梦。

梦中的景色缤纷多彩，许多故事片段也是多姿多样。景中有铅山日月、樟木断桥，也有花开蝉鸣、林静蝶飞；还依稀有很多往日的故事和旧时的人面，包括那少年鲜活的脸，和请辞的毅然决然。

期思溪上日千回。樟木桥边酒数杯。人影不随流水去，醉颜重带少年来。

疏蝉响涩林逾静，冷蝶飞轻菊半开。不是长卿终慢世，只缘多病又非才。[1]

不知是梦中的幻景还是记忆中的片段，辛弃疾恍然看见樟木桥边有人正斟杯饮酒。在残阳下，他那一袭青衫被染成红色，恍然与晚霞相接，这人影，似乎要随落日一道消融于天际。辛弃疾欲上前问候，却总也走不近那人。他远远看见那人自斟自饮着，脸上泛起沉醉之意。这沉醉的面色，带着几分少年的张扬，且饮且笑间意气风发，好不自在。这种气场独特至极，似乎有容天地之大气和傲气。兴许，对那人而言，连偶鸣的寒蝉和扑飞的轻蝶都已是打扰，因这画面中，实在是有那一人便足够了。既然如此，何苦破坏了这孤独又清傲的美感呢？于是辛弃疾终于停下脚步，不再试图接近那孤独的饮酒人。他在远处看着那人，想起有言道："长卿慢世，越礼自放。托疾避官，蔑此卿相。"只怕这饮酒之人正是司马相如——有一身的凛然正气和才气，偏却托疾避官，隐居山林。这仙人般的人物，自然不宜去蹚俗世浑泥。辛弃疾叹口气，似是自艾自怜。但他辛弃疾自己，托疾避官，却是因不才有多病，且又不愿求人，是故遭主弃、被人疏。

[1]摘自辛弃疾《瑞鹧鸪》

辛弃疾连连叹气间，其实真正的用意，不过是自嘲罢了。这梦境中的饮酒人，岂止是司马相如，难道不正是他辛弃疾自己吗？

英雄老去，才未舒，志未成，除了自嘲无才无德之外，难道还有气力去抱怨命运的颠沛和不公吗？

一日一日复加的病痛和悲愤之心，让辛弃疾已不再指望另一个柳暗花明的奇迹。他现在做的，只是苟延残喘地等待死亡而已。

然而，正当辛弃疾已不抱奢望时，命运又跟他开了一个天大的玩笑。朝廷突然给他派了一个官职——枢密院都承旨。

这是朝廷最高军事领导机关里的一个重要职务，从前一直是由韩侂胄的亲信担任。之前委任辛弃疾为兵部侍郎这个举动，也许的确是作态，但当下这一出，却是真假难辨，让人说不清是真心还是假意。即便是假意，这也是一个天降馅饼般的机会。对辛弃疾而言，只要他拥有这个官职，就算韩侂胄再怎样多加阻挠，那也不妨碍他添翼步青云。

然而，之所以说这是一个大大的玩笑，是因为此时的辛弃疾已无力去就任。指挥南宋正规军作战的前景终于近在眼前，他伸手可至，可这个机会来得太晚，辛弃疾连伸手去抓的力气都没有了。

可怜可恨，真真像极了一个无聊的闹剧。人将浓烈的爱恨情仇投进去，任由这闹剧戏耍。它安排了一出出的追逐，而每一出都以错过或挫败为结局，然后通通破碎了。最后，这闹剧竟然还不过瘾，安排了一出圆满的戏，却又紧接着，将这圆满抛向无人接应的天际。

听着调令一字一句地从来者口中蹦出，辛弃疾只觉胸中一阵剧痛，似乎有一口浊气突然涌上胸肺。近日连喘气都艰辛的他哪里承受得了如此浊气？只觉眼前一黑，便直直地昏倒过去。

片刻之后，辛弃疾再度悠悠转醒。他看见有两个模糊的人影在面前晃动，那一张一合的嘴似乎是想要对他说些什么，他试图去听，却听不见半点声音，因为脑中尽是嗡嗡声，就像有千松万壑在北风中合唱一般。又努力听了一会儿，还是听不清，辛弃疾索性再次闭上眼睛不去管了。这时他发现，自己并没有太过悲凉。这毕竟是好事，虽然他隐约可以确定，他并不是不悲，而是悲得太过，失去了感觉。

现在，无论任何事，铅山也好，恶疾也好，还是姗姗来迟的机遇也好，于辛弃疾而言，皆如同无声的画面，不管它情节再怎么变幻，浮动在脑中的也不过是空白的哀默罢了。

辛弃疾对床前的人摆摆手，暗示他们他想再休息一下。他觉得困乏已经再次袭卷全身。这次的困乏，远比之前的任何一次都来得汹涌，如浪潮般迅速将他淹没。很快，他每根骨头都酥软了，他欲沉沉睡去，翻了个身向里，接着便闭上了眼睛。

枢密院都承旨，等他醒来再写辞呈吧。什么金戈铁马、峥嵘岁月，又什么失之交臂、岁月蹉跎，暂且都抛在脑后。

开禧三年九月初十。那几日连连多风，林间的草木总是沙沙作响，片刻不歇。风穿过山林后，在辛弃疾的小屋周身转起了圈。稍一会儿工夫，又突然绕过前门，跑去后窗边掀了掀。窗棂随之晃动了两下，但没有打开。辛弃疾此时正躺在床上，没来开窗，于是那风无趣地又转了几个圈，然后悠悠然离去。

而这一切，辛弃疾一点都不知晓，他看似睡得很香。说是“看似”，是因为在这数月中，他大都是在深度昏迷中度过的。旁人并不知昏迷和睡眠对他来讲有何分别，所以当然不知他现在到底是在昏迷还是在睡觉，更加不知他现在有什么感觉。只是，他脸上隐隐浮着一些许久不见的气色。然而，这却不是因为他的身体突然好转了，而是因为他眉尖的沟壑之间似乎散去了些许郁气，脸色一下子明朗不少。这是自辛弃疾辞了枢密院都承旨一职以后，第一次稍稍展颜。想来，他是在梦境中遇见美好的事情。

他或许梦见了他朝思暮想的北伐，抑或是梦见了北伐之前，天下英雄齐聚，慷慨议事，大众归心，然后众声一道为大好河山高歌一曲。那豪迈的歌声，由猎猎雄风带到了天边去，正如词中所写：“堂上谋臣帷幄，边头猛将干戈。天时地利与人和。燕可伐与曰可。此日楼台鼎鼐，他时剑履山河。都人齐和大风歌。管领群臣来贺。”[1]

《孟子注疏》卷四下·公孙丑记载了这么一个振奋人心的故事：燕王子哙私下让位于燕相子之。子之则不受天子之命而私自从子哙那里接管一国。士大夫者，尚不可越过君王而私相授爵授禄，更何况一国之大，怎可任由两人私下转让？其祸其乱至此，何怪于天。故沈同私下问孟子曰：“燕可伐与？”孟子曰：“可。”

金不若燕，南宋亦不是齐，但这百年的北伐之心同样是这等

[1]摘自辛弃疾《西江月》

强烈。待堂上有谋臣，边上有猛将之时，天时地利与人和齐来助威，那时人问："金可伐与？"精兵将士一同意气风发地答道："可伐！"紧接着，天来相助。祥瑞之气东临军中，人心大振。众人齐聚，击筑高歌曰："大风起兮云飞扬，威加海内兮归故乡，安得猛士兮守四方！"

这是何等荣耀的雄威。那时，辛弃疾一席戎衣稳坐军前，左手握着士气，右手握着锐气，胸中怀揣豪气，率领戎马踏上了金戈铁马的峥嵘之路。

梦至此血气方刚之处，辛弃疾突然猛然挺身，裂眦疾呼道："杀贼！杀贼！杀贼！"然后，一切归于沉寂了。

辛弃疾就这样走到了生命的尽头，享年六十八岁。自始至终，这个一直梦想叱咤沙场、为北伐尽忠竭力的人，没有在沙场上出现。军帐之中也从未见过有这么一首意气雄浑的诗——金戈铁马，气吞万里如虎。幻境中那气势磅礴、欲吞山河的北伐，也便就此画上句号，回归到现实的一败涂地当中。金戈铁马，风流云散。

铅山山野依然宁静，尘世的动荡尚且扰不了这里的一汪幽泉，更何况一个人的生死。飞渡的寒鸦唱和着，潺潺的溪水涓流着，往来皆是过客，在铅山的怀中微笑过往。辛弃疾也是这铅山的过客，他在铅山度过一段匆匆岁月之后便悄然离去，却终归遗留下一些东西，可供后人凭吊。这些东西，就是他那些"酒豪诗圣"的情愁了。它们有的是豪言壮语，有的是细语呢喃。而铅山作为胸怀广博的主人，悉心地将这些零零碎碎的诗词都保存了下来。

这里有“长空万里，被西风、变灭须臾。回首听、月明天籁，人间万窍号呼”;有“九衢中，杯逐马，带随车。问谁解、爱惜琼华。何如竹外，静听窣窣蟹行沙。自怜是，海山头，种玉人家”;有“千古茂陵词在，甚风流章句，解拟相如。只今木落江冷，眇眇愁余”;有“梅子褪花时，直与黄梅接。烟雨几曾开，一春江里活。富贵使人忙，也有闲时节。莫作路旁花，长教人看杀”；还有“最喜阳春妙句，被西风吹堕，金玉铿如。夜来归梦江上，父老欢予。荻花深处，唤儿童、吹火烹鲈”。

纷呈迭出的词作琳琅满目，真真是大声镗鞳，小声铿鍧，横绝六合，扫空万古，自有苍生以来所无《辛稼轩集序》。最终，辛弃疾将毕生执着的梦想，还有那融于血肉的铮铮铁骨，全都留在了他词中的大好江山之上。它们皆拖着长长的嗓子，幽幽唱到：“浮生若梦，如烟消散……”

第八幕　交游

相识满天下，相知得几人

01 | 陈亮，醉里挑灯看剑

辛弃疾与陈亮，是两颗闪烁在宋王朝的星星，在历史的长河中熠熠生辉，光彩照人。或许是上天对这两个出生、秉性、才情、经历极为相似的年轻人的疼惜与眷顾，抑或是冥冥中笃定的缘分，于天地之间，于茫茫人海之中，他们奇迹般地碰撞，交汇，相映成辉，为充满传奇色彩的大宋王朝增添了一抹不可的多得的浓墨重彩。

陈亮字同甫，号龙川先生，自称“人中之龙、文中之虎”，他“生而目光有芒，为人才气超迈，喜谈兵，议论风生，下笔数千言立就”[1]。这么一位俊逸豪气，才气逼人的英雄豪杰，一位被近代哲学家称为中国“功利主义”哲学代表人物的思想大师，却一直被苟且偷安的南宋王朝冷落，沉于下僚，一世无成，几乎是以布衣之身而终，唯有他挥洒豪放的诗词和雄文博论流芳后世。

[1]摘自《宋史》

陈亮个性狂傲，自恃清高，寻常人很难与他接近，与他有过交往的几乎都是那一时期最为优秀的人物，比如朱熹、辛弃疾、吕祖谦、叶适、倪朴等，其中，情谊最浓、相知最深的莫过于辛弃疾。

陈亮比辛弃疾小三岁，与辛弃疾的际遇颇为相似，他们有着相同的理想和政治主张，却都怀才不遇，“英雄无用武之地”。他们的词风慷慨纵横，不可一世，成为宋词豪放派的代表人物，于他们笔间挥洒的那些悲亢、高昂的词句不知令世间多少男儿为之荡气回肠，血脉喷涌。

佛说前世五百次的回眸，才能换来今生的一次擦肩。时光荏苒，岁月轮回，纵然春色无限，也有无数嫣花流芳的美丽，来去无声，从身旁悄然流逝，徒留一抹残露入沁。拈花落尘，流年似水，不知是怎样的缘分，才使得这一对文韬武略、志趣相投的才俊，相遇相识，相知相惜，流芳百世。

浮云远行，万物重生，天有多高，情谊就有多长。彼时的辛弃疾与陈亮，皆为才华横溢，霸气豪爽的青年俊彦。他们都出生于富裕的大家庭，都是在祖父的庇佑和谆谆教诲下长大成人，都肩负了祖父给予他们驱逐强掳，收复河山的重托。

在辛弃疾的眼里，陈亮“百折不回，饶有铜肝铁胆”；而在陈亮的眼里，辛弃疾更是“眼光有稜，足以映照一世之豪;背胛有负，足以荷载四国之重”。刘熙载曾在《艺概》里写道：“陈同甫与稼轩为友，其人才相若，词亦相似……观此（指陈亮《贺新郎》寄幼安见怀韵）则两公之气谊怀抱，俱可知矣。”

陈亮与辛弃疾一样，忧国忧民，一心渴望报效朝廷，征战沙场。然而，他每一次上书，都得不到朝廷的重视，总是招来朝臣的讥笑。陈亮内心的郁结无从诉说，只得将之付诸文章、词作或是书信，告之于吕祖谦、朱熹、叶适、叶衡、辛弃疾等一干师友。只是，陈亮绝对没有想到，他竟会因为自己的一封进言而下狱。出狱后，他决定去拜访他仰慕久仰的豪放词人辛弃疾。

此时的辛弃疾，虽文采斐然，英勇善战，却得不到偏安一隅的宋王朝的重用，无奈之下，只好寄情于山水，隐居山野。陈亮风雨兼程，策马数百里，终于赶到了离辛弃疾的宅院不远处的石桥边。

遥遥望去，那掩映在绿荫花丛中的凉亭楼榭已清晰可见，陈亮一阵激动，速速催马过桥，可陈亮的马惧水，"三跃而马三却"，怎么也不肯过桥。性急的陈亮一时间勃然大怒，拔剑斩下马头，火急火燎地徒步而行，直奔辛弃疾的庭院而去。

正在阁楼上悠闲地品茶观景的辛弃疾，早已把桥上的一切尽收眼底，虽不知过桥的英雄为何人，但眼见那一番砍坐骑，过石桥的粗犷豪举，辛弃疾早已是惊讶万分，欣赏不已，于是他即刻派人去询问何方英雄途经此地，有意与之相识。还没等下人出门，陈亮已来到辛弃疾的门前。于是两人把酒畅言，相见甚欢，相识很晚，"遂订交"。

这极富传奇色彩的订交，在宋人的笔墨里多有记载。那时的辛弃疾，已是闻名遐迩的英雄，想和他结识订交的人不计其数，可真正能让他一见如故，结为知交的，却是少之又少。陈亮当时虽为一介布衣，但他的才气、傲气、豪放与辛弃疾几乎如出一辙，所谓高山流水，知音难求，陈亮的出现，令辛弃疾十分欣喜。两人痛饮畅谈，纵论天下，痛快之至，酒酣处，两人同屋蒙头而睡，毫无避讳。

陈亮酒醒后，想到自己刚出狱，初识辛弃疾就肆无忌惮地吐露真言，说了许多对朝廷不满的言论，而在朝廷为官的辛弃疾则“沉重寡言，醒必思其误，将杀我以灭口”，想到这，陈亮遂偷偷地骑了一匹辛弃疾的骏马，匆匆离去。

陈亮走后一个月左右，又写信给辛弃疾，想要借十万缗钱，以解燃眉之急。辛弃疾见信后，即刻差人将钱送去，丝毫不提那日陈亮不辞而别之事。陈亮骑走了辛弃疾的骏马，继而又找辛弃疾借钱，在常人看来，似乎有点不合情理。其实，真英雄、真豪杰之间的交往就是如此，豪气坦荡，直来直去，也唯其如此一来一去，心无旁骛的交往，才足以验证彼此的真性情。

那时的辛弃疾，确实比较富裕，且疏豪好施。对于陈亮的词，他也早有耳闻，其激烈豪放不输自己，更何况，石桥边斩马头的率性之举，也让他赞赏有加，一见面即把陈亮视为知己，陈亮骑走一匹骏马，借走一点钱又算得了什么。辛弃疾高尚的人品和对陈亮的真诚，自然也完全消除了陈亮对辛弃疾的戒心，从此二人情同手足，彼此欣赏，有机会便于临安相聚。后来辛弃疾宦游各地，接着退隐上饶，两人一直无缘相见，但却一直互通书信。

真挚的友谊和遥远的牵挂，就如旭日暖风吹进冰冷的心扉，也如涓涓细流飘洒干涸的心田，那份真切的情感，毋须刻意雕琢，也毋须约定等待，只须随时光的流逝，自然默契，温暖舒畅地温润开来，无论是月下独饮，还是陌上独行，不经意间，揽一份思友的清愁和惦念，也是一种惬意而难得的美好情愫，而这样的情愫，在两个极富浪漫色彩的豪放词人之间，被演绎得如同情人一般千回百转，柔肠百结，尤其是“鹅湖之会”的难舍难分和诗词唱和，更是将他们之间的动人情感推向极致，就连世间倾慕他们的红颜，恐怕也要平添几分妒忌。

辛弃疾素来豪放傲气，以他非凡的气势，倘若不是他崇慕的英雄豪杰，不是与他心有灵犀的知音，那是万不能得到他的青睐。他最真最浓的思念不是给了哪个红颜，而是给了和他一样狂傲侠义的挚友陈亮。

淳熙十五年（1188），辛弃疾和陈亮为了共商抗金北伐之事，邀请朱熹一起前往鹅湖，谈论复国大计，鹅湖正好离辛弃疾隐居在上饶带湖的家很近。此时辛弃疾与陈亮已有十年未见，两人虽多次计划相聚，但都因各种事由未能成行。而这一年冬天，陈亮从家乡浙江永康出发，沿浙赣道直赴上饶。他顶风冒雪，跋涉八百多里，终于来到了辛弃疾的家门。

两个彼此牵挂了十年，思念了十年的朋友终于相见了，原本患病卧床的辛弃疾，见陈亮一来，便兴奋不已，全然不顾染疾之虑，与陈亮携手冒雪同游鹅湖，共饮瓢泉，雪中煮酒，长歌相答，极论世事。鹅湖的清幽秀美从辛弃疾的《鹧鸪天·鹅湖寺道中》就能感受些许。

一榻清风殿影凉。涓涓流水响回廊。千章云木钩辀叫，十里溪风罢秠香。

冲急雨，趁斜阳。山园细路转微茫。倦途却被行人笑，只为林泉有底忙。

陈亮的到来，无疑让辛弃疾日渐沉落的心又燃起了激情，仿佛又回到了曾经“气吞万里如虎”的年轻时代，他的病也不知不觉地好起来。原本“鹅湖之会”还应该有朱熹到场，他们在鹅湖共度数日后，又同去紫溪等朱熹，但朱熹却因一些政治方面的考量推故爽约，陈亮失望之余，飘然东归。

陈亮走后的第二天，辛弃疾备感难受，心中越发地念念难舍，于是，他迅速驾车抄近路追赶陈亮，希望能挽留陈亮多住些时日。辛弃疾熟悉地形，原以为走一条乡间小道，就能撵上陈亮，可没想到天不遂人愿，突然下起了大雪，辛弃疾追至鹭鸶林，雪深泥滑，无法前行，他只好独饮小村，夜宿吴氏泉湖四望楼，“怅然久之，颇恨挽留之不遂也”。此刻，耳边忽然传来悲悯的笛声，划破暗夜的幽寂，令他难以入眠，于是，他索性起身，挥笔写下《贺新郎》。

把酒长亭说。看渊明、风流酷似，卧龙诸葛。何处飞来林间鹊？蹙踏松梢残雪。要破帽、多添华发。剩水残山无态度，被疏梅、料理成风月。两三雁，也萧瑟。

佳人重约还轻别。怅清江、天寒不渡，水深冰合。路断车轮生四角，此地行人销骨。问谁使、君来愁绝？铸就而今相思错，料当初、费尽人间铁。长夜笛，莫吹裂！

词中满是辛弃疾对陈亮的深情倾诉：长亭把酒，你风流如陶渊明，才略似诸葛亮。不知何处飞来的林间鹊，踏落松梢残雪，让我们头戴破帽也发如雪。残山剩水，疏影残梅，却吟风弄月，故园北国的美丽，才是真正的风光无限，大雁谙知。

你重守诺言，如佳人有约，如期而至，可你又轻视离别，说走就走，来去匆匆。站在冰冷的江岸，天寒难渡，冰封难行，我这才明白，昨日的欢聚难再。我策马一天，才赶至此地，雪深路断，彻骨寒冷，是什么让我如此愁绝，悲伤？是对你的思念，我后悔，不该轻易让你离去，这悔恨如铸铁一样沉重，那悲怆的长笛彻夜不停，仿佛要把我思念的心吹裂！

英雄气短，儿女情长，情谊至此，可谓肝胆俱碎。

五天后已到家的陈亮，写信给辛弃疾，为他们此番相见索词，以作纪念。于是辛弃疾就把这首《贺新郎》寄给了陈亮。陈亮见词后，感慨万千，即刻与辛弃疾唱和，回了一阙："老去凭谁说。看几番、神奇臭腐，夏裘冬葛。父老长安今余几？后死无仇可雪。犹未燥、当时生发！二十五弦多少恨，算世间、那有平分月！胡妇弄，汉宫瑟。树犹如此堪重别。只使君、从来与我，话头多合。行矣置之无足问，谁换妍皮痴骨？但莫使、伯牙弦绝！九转丹砂牢拾取，管精金、只是寻常铁。龙共虎，应声裂。"

词中除了感念辛弃疾的深情厚谊，还抛却悲情，直面惨淡人生，抒发爱国雪耻的豪情，辛弃疾收到此词，备觉伤感，遂又赋词一首：“老大那堪说。似而今，元龙臭味，孟公瓜葛。我病君来高歌饮，惊散楼头飞雪。笑富贵、千钧如发。硬语盘空谁来听？记当时、只有西窗月。重进酒，换鸣瑟。事无两样人心别。问渠侬：神州毕竟，几番离合？汗血盐车无人顾，千里空收骏骨。正目断，关河路绝。我最怜君中宵舞，道，男儿到死心如铁。看试手，补天裂。”

一句“我病君来高歌饮”，道出了在那样的乱世，两位知己能千里相聚的难得与欢畅，那份心心相印的深情，令人唏嘘，感叹！而一句“男儿到死心如铁”却更是让人看到辛弃疾对陈亮宽阔胸怀和远大理想的激赏。

陈亮接词后，再度唱和：“离乱从头说。爱吾民、金缯不爱，蔓藤累葛。壮气尽消人脆好，冠盖阴山观雪。亏杀我、一星星发！涕出女吴成倒转，问鲁为齐弱何年月？丘出幸，由之瑟。斩新换出旗麾别。把当时、一桩大义，拆开收合。据地一呼吾往矣，万里摇肢动骨。这话把、只成痴绝！天地洪炉谁扇鞴？算于中、安得长坚铁！淝水破，关东裂！”

此后，二人不断有书信往来，一年后，陈亮再赋一首《贺新郎》寄予辛弃疾，回忆鹅湖的相聚，饱含惜别之情，悲悯与苍凉跃然纸上：“话杀浑闲说。不成教、齐民也解，为伊为葛。樽酒相逢成二老，却忆去年风雪。新著了、几茎华发。百世寻人犹接踵，叹只今、两地三人月。写旧恨，向谁瑟。男儿何用伤离别。况古来、几番际会，风从云合。千里情亲长晤对，妙体本心次骨。卧百尺、高楼斗绝。天下适安耕且老，看买犁卖剑平家铁。壮士泪，肺肝裂。”

收到陈亮的词，辛弃疾百感交集，以一曲小令《破阵子》回复陈亮，至此，辛弃疾与陈亮鹅湖相聚后的诗词唱和，成了中国文学史上的一场盛宴，一段千古佳话，而最后的这一首著名的小令，可以说给这场盛宴画上了一个惊艳而完美的句号，词中咏道："醉里挑灯看剑，梦回吹角连营。八百里分麾下炙，五十弦翻塞外声，沙场秋点兵。马作的卢飞快，弓如霹雳弦惊。了却君王天下事，赢得生前身后名，可怜白发生。"

醉梦里挑灯细观心爱的宝剑，似乎又回到了当年征战沙场的军营，耳边又响起了号角之声。士兵们围坐分享烘烤的牛肉，军乐奏出雄壮的北疆之歌，秋日的沙场上点兵作战，士气高昂。战马飞奔，弓如惊雷，震耳离弦。纵然一心想替君主完成收复河山大业，赢得一世美名，可报国无门，可怜如今白发生！

白发如雪，而复仇报国却终成泡影，徒有凌云壮志，"报国欲死无战场"，只能在不眠之夜喝酒买醉，在"醉里挑灯看剑"，在醉梦中横戈跃马，驰骋疆场，这番苦境，怎能不悲哀，怎能不"可怜白发生"，如此的命运，辛弃疾与陈亮，可谓同命相连，同样"可怜"。

鹅湖一别即成了辛弃疾与陈亮的诀别，六年后，陈亮因病离开了人世，辛弃疾悲痛欲绝，写下了《祭陈同甫文》："而今而后，欲与同甫憩鹅湖之清阴，酌瓢泉而饮，长歌相答，极论世事，可复得耶？"想必是再也不复得了！无论是生者，或是死者，这两个想要为国披肝沥胆的豪放词人，英雄豪杰，在那样无奈的乱世里，终究只能遥望故园，"醉里挑灯看剑"！

02 | 朱熹，如公仅有两三人

辛弃疾与朱熹，一个是不可一世的英雄豪杰，豪放词人；一个是博学高深的儒学大师，思想家、哲学家、教育家；一个是“文中之虎”，一个是“人中之龙”，他们的风格、个性、理念迥异，却成为友情笃深的莫逆之交，堪称大宋王朝极为耀眼的“双子星座”。

如果说宋朝是一个文豪辈出的朝代，那么最有学问的，就非朱熹莫属。朱熹字元晦，号晦庵、晦翁等，门生、拥趸者无数，辛弃疾是朱熹的崇拜者之一，对朱熹的态度，辛弃疾从来都十分谦恭，而朱熹对辛弃疾的才华和豪气也非常欣赏，两人在福建为官时，便结下了深厚的友谊，除了经常见面，书信往来也颇为频繁。

淳熙七年的冬天，辛弃疾初任隆兴府知府兼江西安抚使，时遇严重旱灾，辛弃疾全力救灾，在大街上贴出了赈济的榜文：“强籴者斩，闭粜者配！”八个字，简单明了，果断有力，让朱熹甚感钦佩，连声称赞说：“这便见得他有才。”

朱熹在担任提举两浙东路常平茶盐公事的时候，也正值饥荒时期，一些贪官污吏不仅不救灾，反而横征暴敛，中饱私囊，使得哀鸿遍野，民不聊生。一些不法商人，为逃税，与地方官府勾结，行贿受贿，假公济私。辛弃疾知道情况后，迅速告诉了朱熹，朱熹开始还不太相信，后来他“提举浙东，亲见如此”，愤怒之余，对辛弃疾更加赏识，信任。

辛弃疾被朝廷罢官，闲居上饶，朱熹非常倾慕辛弃疾的人品才干，为朝廷弃用辛弃疾而愤愤不平，他说："辛幼安也是个人才，岂有使不得之理？”他在与友人的通信中，更是对辛弃疾大加推崇曰："今日如此人物岂易可得？向使早向里来，有用心处，则其事业俊伟光明，岂但如今所就而已耶！”

绍熙三年春，辛弃疾又再度被朝廷任命为福建提刑狱兼任福建路安抚使。辛弃疾赴任途经建阳时，特地去朱熹的考亭闲居拜访朱熹，询问一些闽中的情况。朱熹获悉辛弃疾到福建就任，万分高兴，破例作了一道贺启《举辛幼安启》，并在文中赞扬辛弃疾“卓荦奇才，疏通远识，经纶事业，有股肱王室之心；游戏文章，亦脍炙士林之口”。朱熹还对辛弃疾赠言:“临民以宽，待士以礼，驭吏以严。”辛弃疾虚心地听从了朱熹的忠告，把朱熹的赠言当作自己从政的座右铭，在福建任职期间，修建起儒家郡学，推动儒学教育，一时传为佳话。

身为儒宗的朱熹重“内省”，身心寄于道德性理之上，而戎马倥偬的辛弃疾，则重外在功利，擅长带兵遣将，但两人抗金复国的主张却是一致的。两人在政治上皆不得志，可谓同命相连。共同的际遇，反而加深了彼此的感情。

绍熙四年正月，辛弃疾被朝廷召赴太府卿准备离开福建北上，临行前，他再赴考亭与朱熹告别，正好挚友陈亮也在考亭，三个杰出的英才相聚，分外喜悦，陈亮为他们俩分别画了像，并在画像下题字称赞说，辛弃疾是“文中之虎”，是压倒一世英豪的奇杰；朱熹是“人中之龙”，身备阳刚之气的一代儒宗。

辛弃疾在任职大府卿几个月后，又于绍熙四年，再次回到福建担任路安抚使，同年九月，辛弃疾再次到建阳拜会朱熹，两人再度相逢，喜之不尽，携手同游武夷山，泛舟九曲。武夷山的枫叶满山遍野，随风飘零，落红飞舞，山里丹桂飘香，沁人心脾，溪潭碧水连波，波上寒烟袅绕。沉浸在如此美妙的山水间，两人诗兴大发，当即各自吟赋了十首《武夷棹歌》。

游武夷，作棹歌呈晦翁十首

一水奔流叠嶂开，溪头千步响如雷。
扁舟费尽篙师力，咫尺平澜上不来。

山上风吹笙鹤声，山前人望翠云屏。
蓬莱枉觅瑶池路，不道人间有幔亭。

玉女峰前一棹歌，烟鬟雾髻动清波。

游人去后枫林夜，月满空山可奈何。

见说仙人此避秦，爱随流水一溪云。
花开花落无寻处，仿佛吹箫月夜闻。

千丈搀天翠壁高，定谁狡狯插遗樵。
神仙万里乘风去，更度槎丫个样桥。

山头有路接无尘，欲觅王孙试问津。
瞥向苍崖高处见，三三两两看游人。

巨石亭亭缺啮多，悬知千古也消磨。
人间正觅擎天柱，无奈风吹雨打何。

自有山来几许年，千奇万怪只依然。
试从精舍先生问．定在包牺八卦前。

山中有客帝王师，日日吟诗坐钓矶。
费尽烟霞供不足，几时西伯载将归？

行尽桑麻九曲天，更寻佳处可留连。
如今归棹如棚箭，不似来时上水船。

这十首七绝组诗，可谓一绝一景，一幅幅奇妙的景色，如落英缤纷，各具特色，各有一番情趣，且寓情感，感悟于景，令人回味无尽，亦如身临其境，仿佛那一幕幕栩栩如生的美景，在眼前铺展开来。

山涧飞流直下，欲将群山劈裂，水石相激，千里之外，亦如雷贯耳；逆水行舟，纵然波澜平伏，也扁舟难行；羡蓬莱仙境，瑶池阁，无限风光却在人间；碧波荡漾，山峰如玉女，倒影水中，游人离去，空留一片冷寂；如此人间仙境，却仙人难觅，花开花落，唯有月夜，依稀有箫声悠扬；山中清幽静谧，游人零星；风雨无情，消蚀了千年巨石，想来人间也有擎天柱，如国之栋梁，无奈风吹雨打，壮志难酬。

在辛弃疾眼里，身处乱世的朱熹，乃隐卧山中的“帝王师”，他希望终究有一天，会有“西伯”来重用这个怀才不遇的白发隐臣。游玩尽兴晚归，扁舟顺水行如棚箭，全然不像来时逆水难行。当夜，朱熹又为辛弃疾的二斋室书写“克己复孔”“夙兴夜寐”赠之，辛弃疾欣然接受，并以此为诫。

尽管辛弃疾对朱熹以赤诚相待，朱熹却依然保持着他的大师风范，对彼此间的友谊，始终保留着一份理智。辛弃疾、陈亮与朱熹约定“鹅湖之会”，辛、陈二人在鹅湖畅饮畅聊数日后，又去离朱熹家很近的紫溪等候朱熹赴约，但朱熹最终却爽约了。后来朱熹致信陈亮解释说自己不愿参政，只想在山里过闲散的读书隐居生活。事实上，当时朝中执掌大权的宰相周必大和枢密使王蔺，都是辛弃疾的政治对头，辛弃疾被弹劾贬职，都是拜他们所赐。朱熹担心自己与辛弃疾走得太近，会引起周必大与王蔺的误会，因而刻意与辛弃疾保持距离。

虽然心里很清楚朱熹爽约的真正原因，但为人豪爽的辛弃疾，对这事却从不介怀，他仍然一如既往地与朱熹以师礼相待。几年以后，正如辛弃疾预言的那样，理学的信奉者赵汝愚担任宰相后，果然召朱熹进京，做皇帝的老师。可惜好景不长，在复杂的政治斗争中，赵汝愚败给了外戚韩侂胄，朱熹不仅被赶出了京城，他的理学也被贴上了伪学的标签，理学弟子一律被视为“逆党”，有的被砍头，有的被贬职，就连早已隐居带湖的辛弃疾也受到了牵连，多次被弹劾，仅有的一些权力和待遇全部被取缔。

此时的朱熹更是被限制了人身自由。对韩侂胄的所作所为，辛弃疾非常气愤。早在辛弃疾担任浙东安抚使的时候，韩侂胄就不满于辛弃疾实施的北伐大业而解除了他的职务。后来，韩侂胄又想利用辛弃疾威震八方的名声起用他，当时辛弃疾就愤然拒绝说：“侂胄岂能用稼轩以立功名者乎？稼轩岂肯依侂胄以求富贵者乎？”

相似的命运，令朱熹与辛弃疾愈发“相交既久、相见亦深”。尤其在陈亮去世后，辛弃疾与朱熹的交往就更加的亲密，对朱熹的学识品行也越发敬慕，朱熹亦以“施展杰出的才干，以报朝廷”来勉励辛弃疾，对他寄予厚望。庆元三年，朱熹给在武夷山冲佑观任职的辛弃疾的信中，又以“克己复礼”相勉，令辛弃疾欣慰有此良师益友。在辛弃疾看来，自唐尧以来几千年，能与朱熹相比的仅有二三人也，这般感悟，足以窥视出辛弃疾对朱熹的仰慕，非同寻常，他在《酬朱晦翁》的诗中感曰：

西风卷尽扩霜筠，碧玉壶天天色新。
风历半千开诞日，龙山重九逼佳辰。
先心坐使鬼神伏，一笑能回宇宙春。
历数唐尧千载下，如公仅有两三人。

庆元六年的三月，时值梅雨季节，朱熹因久病不治，“正坐整衣冠就枕而逝”，时年七十一岁。当时，权倾朝野的韩侂胄下令，禁止朱熹的朋友、同僚、门人、信徒等去武夷山考亭为其送葬。但辛弃疾闻此噩耗痛哭万分，他不惧风险，义无反顾地赋词《感皇恩，读〈庄子〉，闻朱晦庵即世》，悼念这位亦师亦友的一世知交，他在词中唏嘘：“案上数篇书，非庄即老。会说忘言始知道；万言千语，不自能忘堪笑。今朝梅雨霁，青天好。一壑一丘，轻衫短帽，白发多时帮人少。子云何在，应有玄遗划，江河流日夜，何时了？”

这首为悼念朱熹而作的词，不落窠臼，一气神行，刻画出朱熹不朽的凛然风范，深情厚谊与痛惜之情自然流露，感人肺腑。“会说忘言始知道”，所谓“忘言”，出自《庄子·外物》：“言者所以在意,得意而忘言,吾安得忘言之人而与之言哉？”朱熹乃是会说“忘言”而知“大道”的思想家，能抛弃事物的形式和世俗的功利，此时的辛弃疾也似乎表明，自己也与朱熹一样，勘破了事物的形式和超越了自我的恩怨得失。与知己如此会心，心酸处，想必难以自抑，却忽然一笔宕开，“今朝梅雨霁，青天好”，以乐境写哀，反衬其忧伤，其悲无以言表。

十一月二十日，朱熹葬于建阳市唐石里后塘九峰山下大林谷。辛弃疾不避嫌疑，亲自前往凭吊，泪洒祭场，哭曰："所不朽者，垂万世名。孰谓公死，凛凛犹生！"世间不朽的，唯有流芳万世的名声，谁说你已死，你的精神将令人敬畏，就像活着的时候一样，"凛凛犹生"。彼时，敢于蔑视权贵，公开为朱熹礼赞的，恐怕只有辛弃疾一人也，这种对朋友忠肝义胆，敢冒天下之大不韪的豪气，古往今来，能有几人?

辛弃疾的英名流芳史册，除了他豪放的文采和不屈的品格，更有他为朋友义无反顾敢于挺身而出的忘我气概，而这种至真至切的情谊，想必也只有"如公仅有两三人"一般的杰出而诚挚的知己，才担得起这份令世人敬佩、赞叹的万丈豪情。

03 | 陆游，一身报国有万死

如果说辛弃疾是宋代最伟大的爱国词人，那么陆游则是宋代最伟大的爱国诗人，其诗作被誉为一代“诗史”。两位文坛巨星，都有一颗忧国忧民的拳拳之心，为了收复河山，他们积极地主张抗金，挥戈疆场。他们创作的一阙阙雄浑豪放，“气吞万里如虎”，充满爱国主义激情的诗词，不仅鼓舞了在金人铁蹄下的苦难同胞，也激励着一代又一代的爱国志士。

陆游号放翁，浙江绍兴人，出身于书香官宦之家，从小饱尝战争之苦，在父亲及身边士大夫的爱国思想熏陶下，日渐形成一颗爱国之心。他自幼就有“我生学语即耽书，万卷纵横眼欲枯”的好学精神，诗名远扬。一曲凄美的《钗头凤》，成为他与唐婉的爱情绝唱，流芳千古。他满腔的爱国热情，却屡遭权势的冷遇与打击，晚年退隐乡野，借诗词抒发豪迈的爱国情感。

一直以来，陆游和辛弃疾一样，深受后人的敬仰与爱戴，他们的诗词可谓家喻户晓，广为流传，可机缘巧合，让他们超越年龄成了忘年之交。

1203年6月，在浙江绍兴山阴的一所破旧的草堂屋前，初夏的阳光，轻轻地洒在两位满头白发的老人脸上，让他们更显容光焕发，精神矍铄，他们眼里泛着激动的泪花，颤抖的双手紧紧地握在一起，久久不肯松开。或许这一刻，他们已等了太久，等到白发丛生，他们有太多的话想要倾吐，有太多的情想要抒发，可此时此刻，千言万语，却不知从何说起，唯有老泪纵横，默默相望，这两位相见恨晚的老人，就是陆游与辛弃疾。彼时陆游已七十八岁，辛弃疾六十三岁，虽然年龄相差十五岁，却丝毫不影响他们成为彼此敬慕的知己。在经历了乱世的各种痛苦和挫折的洗礼之后，在人生的垂暮之年，他们终于有机会在绍兴相见，这期待已久的相聚，使他们百感交集，激动不已。

虽说两人都是以诗词著称于世，但他们早年都有过颠沛流离军旅生涯，都有一颗忠君爱国的赤诚之心。他们奔放、热情、豪爽的个性，使他们对恢复中原充满渴望，并身先士卒，积极地投身疆场。相同的政治主张和爱国热情，使他们在遭遇投降派的冷落和排挤下，唯有寄情于山水，寄情于笔墨。

命运相似，志趣相投的两个人第一次相见，就如同久违的老朋友一样，丝毫没有陌生疏离的感觉，反而是惺惺相惜，亲密无间，只恨生命将尽，相见太迟，多少事，欲说难休，多少情，欲诉难竭。他们在一起，举杯痛饮，追忆曾经的峥嵘岁月，戎马生涯，那些激情燃烧的青春年华，仿佛又浮现在他们眼前，令他们热血沸腾，那份“醉里挑灯看剑”的豪情与悲壮，令两位壮心不已的迟暮老人，尚未沉醉已意先融，备感时光易逝，壮志难酬。

多年来，他们虽素未谋面，却隔着时空，彼此欣赏敬佩着对方。

早在1162年的时候，陆游就开始关注辛弃疾。那时，二十出头的辛弃疾于敌营中活捉叛将张安国，并冲过敌人的烽火线，策马南归，令宋高宗连连称赞。从那时起，辛弃疾年少英雄的形象就深深地印在陆游的脑海中。后来宋孝宗即位，意气风发的陆游，便竭力地协助张浚策划北伐，当他得知骁勇善战的辛弃疾未被起用时，他大胆上书朝廷，希望朝廷不要重南轻北，要重用赋闲江南的北方英贤，使朝廷更有凝聚力，使部队更有战斗力。只可惜陆游的真知灼见并未被朝廷采纳，北伐失败后，陆游自己也被罢官。

辛弃疾对陆游的才华，也是景仰已久。在1186年的时候，辛弃疾隐居带湖。那时年过六十的陆游，蛰伏多年，又再度被朝廷起用，陆游在西湖边写下了一首享誉京城的诗篇《临安春雨初霁》，诗中咏道：“世味年来薄似纱，谁令骑马客京华？小楼一夜听春雨，深巷明朝卖杏花。”这首诗，清新别致，不仅令当时的皇帝喜欢，在民间也广为流传，辛弃疾也读到了这首诗，陆游精湛的文笔，令他由衷地折服。当时辛弃疾遭谏官弹劾后，官职全部被剥夺，赋闲家中，心情十分郁闷。陆游的诗，激起了他的创作热情。

几十年来，时空阻隔了他们相见，却阻不断他们彼此遥遥欣赏，遥遥相知。或许苍天有眼，他们共同的志向，终于使得他们机缘巧合地得以相见。在辛弃疾和陆游相见前的一个月，陆游刚从京城回到故乡，而辛弃疾则是刚刚赶赴绍兴府任职，这难得的巧合，成全了两人此生的第一次相会。辛弃疾到绍兴任职前，已被罢官整整八年，而陆游在此次出仕前更是闲居了十二年。他们之所以有这样的巧遇，说起来还得拜当朝权贵韩侂胄所赐。

韩侂胄是南宋名将韩琦之后，他的妻子是高宗皇后的侄女，因此，韩侂胄与皇室的关系十分密切，而且在拥立新君时中立下了汗马功劳，深得皇帝的宠信。为了能把持朝政，韩侂胄接受了幕僚的建议，发起“开禧北伐”，收复中原，为自己立下盖世之功，如此一来，便无人能撼动自己在朝中的地位。

收复中原一直是宋朝百姓和抗金志士们期盼已久的心愿，韩侂胄高举北伐的大旗，想拉拢一些久负声望的名流和抗金志士，来壮大声势，以提高自己的威信。陆游一直是一位坚定的抗金名士，以前也参与过北伐的战事，而且又是当时著名的爱国诗人，自然也就成了韩侂胄招揽的对象之一。

1202 年，七十七岁的陆游，一接到“开禧北伐”的诏书，便不顾自己老迈的身体，欣然奔赴京城，参加修撰孝宗、光宗两朝实录及三朝史的工作。而陆游此次晚年应诏出仕，却受到了很多与韩侂胄政见不和者的非议，认为他有失晚节。陆游的好友，诗人杨万里就特意寄信给陆游，责备说:“不应李杜翻鲸海，更羡夔龙集凤池！道是樊川轻薄杀，犹将万户比千诗。”杨万里认为陆游复出没深思熟虑，希望陆游不要因攀龙附凤、贪图富贵而做出些不切实际的事来，北伐不是写诗，关乎国家民族的存亡，大家都是白发老人了，要谨慎为之，不可草率！杨万里的直言，陆游毫不介意，因为他心怀坦荡，恢复中原是他一生的愿望，迟暮之年，倘若还有机会实现理想，他又怎可放弃，而这样的想法，不仅陆游如此，当时许多主战的爱国人士，都无法抑制自己一腔报国热情，都纷纷出山，积极地响应韩侂胄北伐的号召，辛弃疾也是其中之一。

陆游上任后，很快就发现，韩侂胄只是借重他的名望，而不是真正信任和重用他。陆游年轻时曾全程参与过张浚策划的第一次北伐，与之相比，韩侂胄的策划就显得十分的浮华草率，令陆游深感忧虑，并开始意识到韩侂胄根本担不起恢复中原的大任，他知道他复国的愿望将再度落空，于是，他决定修订好史书后便告老还乡。

1203 年 4 月，史书修订完成后，陆游便匆匆地离开了京城，返回绍兴老家。陆游回家不到一个月，辛弃疾也复出履新，被派往到绍兴任知府兼浙东安抚使。一到绍兴，辛弃疾就迫不及待地赶往陆游的草堂，拜会陆游，至此才有了两人生平第一次的相见。

此时，陆游和辛弃疾的好友如范开、陈亮、朱熹等都早已相继离开了人世，两人的内心也越来越孤独，心事无从述说。两人在绍兴相见后，常有机会见面，两人沉寂多年的心似乎又慢慢地沸腾了起来。每次见面，他们都纵论时事，谈诗论词，可谓无话不说，开心之至。

当时陆游的生活非常清苦，住在破旧的草堂里，家徒四壁，辛弃疾看了，心里很不是滋味，三番五次地提出要为陆游修一所宅院，可每次都被陆游婉言谢绝。陆游是个心胸豁达的人，从来不在乎生活的简朴，他身居陋室，却心里坦荡，他不愿花朋友的一分钱，宁愿把钱用在更有用的地方。陆游朴实高尚的人品，令辛弃疾钦佩万分。

1203年底，韩侂胄欲招辛弃疾去临安商讨北伐事宜，辛弃疾即刻将此事告知陆游，征求他的意见。陆游对辛弃疾此次北上，心情颇为复杂，他好不容易与辛弃疾相见，而且情谊也越来越深，自然是不舍得辛弃疾离开绍兴。但辛弃疾是南宋爱国志士的领军人物，所有人都对他寄予厚望，但出于对韩侂胄的了解，陆游对辛弃疾应诏北伐充满忧虑。

尽管陆游不满韩侂胄的所作所为，但为了北伐，他最终还是认为以国家利益为重，在这一点上，他与辛弃疾取得了共识。此时辛弃疾也年过花甲，实现北伐的心愿已不能再等了，抛开韩侂胄的人品不论，朝野上下，贪生怕死之人比比皆是，难得韩侂胄有北伐的计划和勇气，无论如何，辛弃疾也不想放弃这一次战斗的机会。

辛弃疾临行前，陆游为他赶写了一首长诗《送辛幼安殿撰造朝》，陆游不吝笔墨，叙述了辛弃疾厚积薄发的坎坷经历，盛赞辛弃疾英雄豪情，才高过人，好学不倦，并确信他一定能成就伟业，雪耻恨，陆游在诗中写道："稼轩落笔凌鲍谢，退避声名称学稼。十年高卧不出门，参透南宗牧牛话。功名固是券内事，且葺园庐了婚嫁。千篇昌谷诗满囊，万卷邺侯书插架。忽然起冠东诸侯，黄旗皂纛从天下。圣朝仄席意未快，尺一东来烦促驾。大材小用古所叹，管仲萧何实流亚。天山挂旆或少须，先挽银河洗嵩华。中原麟凤争自奋，残虏犬羊何足吓。但令小试出绪余，青史英豪可雄跨。古来立事戒轻发，往往谗夫出乘罅。深仇积愤在逆胡，不用追思灞亭夜。”

辛弃疾应诏赴任后，韩侂胄即派他镇守京口(镇江)，那是北伐前进的重要基地，登上北固亭，俯瞰滚滚长江，满头白发的辛弃疾心潮起伏，他终于可以实现自己多年来收复河山的宏伟心愿了。然而，现实却令他沮丧、无奈，由于他与韩侂胄急于进兵的思路不相吻合，最终被韩侂胄撤换，辛弃疾老骥伏枥，最后一次报效祖国的机会也付诸东流了，与陆游一样，晚年北伐的壮心，终是一场空。

1206 年 4 月，“开禧北伐”拉开序幕后，开始收复了安徽北部、河南东部的一些地方，但当宋金两国军队的主力进行会战的时候，由于准备不足，宋军一败涂地，加上宋军西线主帅吴曦叛变，形势急转直下，朝堂之上，和议之声再度响起。

1207 年秋，韩侂胄想起了辛弃疾的劝告，决定再次任命辛弃疾为枢密院都承旨，期望他能力挽狂澜，但可惜的是，此时的辛弃疾，在留下了一首临终绝笔《洞仙歌》之后，与世长辞。辛弃疾的离去，令举国上下的爱国志士恢复中原的信念彻底地破灭了，就如爱国人士谢枋所言：“公没，西北忠义始绝望。”

辛弃疾的离世，北伐的失败，对暮年的陆游来说如同致命一击。当时不少人因痛恨韩侂胄的轻率误国，而把积极投入北伐的所有志士也一并轻视，陆游与辛弃疾都被牵连在内。辛弃疾曾说：“侂胄岂能用稼轩以立功名者乎，稼轩岂肯侂胄以富贵者乎？”其实，韩侂胄对陆游又何尝不是如此，他们都想“一身报国有万死”，却终是报国无门。1210年春，八十五岁的诗人陆游追随他的好友辛弃疾而去，留下不朽的千古绝唱《示儿》:“死去原知万事空，但悲不见九州同。王师北定中原日，家祭无忘告乃翁。”

04 | 范如山，留君一醉意如何

辛弃疾与范如山既是挚友，又是亲戚，两人“皆中州之豪，相得甚”。范如山的妹妹是辛弃疾的爱妻，辛弃疾的爱女又嫁给了范如山的儿子为妻，可谓亲上加亲。提及辛弃疾与范家的三世姻缘，还得从辛弃疾与范家南归时说起。

辛弃疾南归后，即被宋高宗任命为右承务郎出任江阴军签判，掌管地方司法，江阴军不大，下辖仅江阴一县，可此县地处长江南岸，与常州平江府比邻，在宋金战事频繁发生的时候，这里就是战争的前线，地理位置十分重要，在此任职，对于辛弃疾来说可谓责任重大而艰巨。

辛弃疾在江阴任职期间，认识了和他一样南归的爱国志士范邦彦。范邦彦是北宋末的太学生，“靖康耻”那年，因为母亲年事已高，不能带着母亲南逃，只好滞留在北方。母亲去世后，范邦彦眼看着金国在北方已建立起政权，自己南逃无望，只好顺应现实，心怀沧亡之恨，先事于金人，考取了进士，并就职于宋、金边境的蔡州新息县，任县令，以寻机达到南下归宋的目的。宋高宗绍兴三十一年，宋金两国开战，范邦彦率领众部下，打开蔡州城的城门迎接宋军，随后又举家南归，徙居京口（今江苏镇江）。

范邦彦任镇江府通判时，辛弃疾因规划北伐事宜，多次驻足镇江。范邦彦早就听闻辛弃疾是一位文武双全的爱国志士，而辛弃疾对范邦彦的忠义之举也非常敬佩，于是两人相识恨晚，忠义相知，交往甚密。范邦彦还把自己唯一的女儿范如兰许配给了辛弃疾。

范如兰是一位知书识礼，通晓琴棋书画的美貌女子，她不仅坚定不移地支持辛弃疾的抗金之志，还在辛弃疾外出饮酒的时候，在家里的窗户上写满了劝说辛弃疾不要再贪杯痛饮的话语，辛弃疾在《定风波·大醉归自葛园，家人有痛饮之戒，故书于壁》里就提及过此事。

昨夜山公倒载归，儿童应笑醉如泥。试与扶头浑未醒，休问，梦魂犹在葛家溪。

欲觅醉乡今古路，知处：温柔东畔白云西。起向绿窗高处看，题遍，刘伶元自有贤妻。

辛弃疾对范如兰深深的爱意，从他羁旅在外时写给妻子的《满江红·中秋寄远》里，即可看出端倪，词中咏道："快上西楼，怕天放、浮云遮月。但唤取、玉纤横笛，一声吹裂。谁做冰壶浮世界，最怜玉斧修时节。问嫦娥、孤冷有愁无，应华发。玉液满，琼杯滑。长袖起，清歌咽。叹十常八九，欲磨还缺。若得长圆如此夜，人情未必看承别。把从前、离恨总成欢，归时说。”

辛弃疾借月思念远方的妻子，那份“快上西楼”的迫切之情，毫不掩饰地流露出来。他从自己对妻子深深的怀念，进而想象妻子也在千里之外孤零零地想念自己，甚至想得白了头，因此他劝慰爱妻，所有的离愁别恨“归时说”，那份细腻的关爱跃然纸上。1189年，同岁的两人还一起举行了五十大寿的祝寿庆典，辛弃疾在《浣溪沙·寿内子》里曰：“寿酒同斟喜有余，朱颜却对白髭须，两人百岁恰乘除。”词中表达了祈望二人白头偕老的美好愿望。

辛弃疾与范如兰美满的姻缘，无疑也增进了辛弃疾与范如兰的兄长范如山之间的友情。辛弃疾曾借范宅种植的文官花而抒情，题赠范南伯《水龙吟》词一首，以表达他与南伯南归后壮志难酬的心境，词中咏道：“倚栏看碧成朱，等闲褪了香袍粉。上林高选，匆匆又换，紫云衣润。几许春风，朝薰暮染，为花忙损。笑旧家桃李，东涂西抹，有多少，凄凉恨。拟倩流莺说与，记荣华，易消难整。人间得意，千红百紫，转头春尽。白发怜君，儒冠曾误，平生官冷。算风流未减，年年醉里，把花枝问。”

范如山，字南伯，曾任辰州卢溪令、江陵公安县令。他与父亲范邦彦一样，也是一位忧国忧民，颇有才能的政治家。他“治官如家，抚民若子”，极受老百姓爱戴，由于痛恨政治的腐败，他十分渴望像陶渊明那样隐居不仕，过一种“躬耕南亩”“采菊东篱下”

的生活。

范如山与辛弃疾都是有志之士，共同的志向，使他们相处融洽默契。辛弃疾与范如山的交往是从淳熙元年（1174），辛弃疾任江东安抚司参议官的时候开始的。

那年，范如山到建康府，辛弃疾为他赋词祝寿作《西江月·为范南伯寿》。

秀骨青松不老，新词玉佩相磨。
灵槎准拟泛银河，剩摘天星几个。
奠枕楼头风月，驻春亭上笙歌。
留君一醉意如何？金印明年斗大。

词中雄心勃勃，充满壮志凌云的豪言壮语，满溢着浪漫的遥想和对胜利的渴望，那一句“留君一醉意如何”，流露出朋友相见的喜悦与忘情，那份“留君一醉”难舍难分的离别意，更是令人感动，令人情难抑。恨不能与君“今宵有酒今朝醉”，一醉方休，共度相聚时的美好时光。

辛弃疾对范如山，总是像亲人一样地关心和爱护，常赠以诗词，来劝解、勉励范如山，不要因对当朝的失望而不求上进。淳熙五年六月，南宋主战派名将张浚的儿子张拭，在任荆湖北路安抚使的时候，想干出一番事业，由于范如山是从金人占领区南投而来，“知其豪杰，熟其形势”，就想请范如山去担任泸溪县县令。而范如山对当时的朝廷颇为失望，不相信赴任后能大展拳脚，故而犹豫不决，迟迟不肯动身前往。

此时辛弃疾正担任湖北漕运副使，他听说范如山不愿出仕荆湖后，便借给范如山祝寿的机会，写了一首《破阵子》赠予范如山，这首词，既是为范如山祝寿，也是规劝范如山“万里功名莫放休”，以国事为重，时刻挂念“君王三百州”，尽快就职，做一些力所能及的事。词中营意用典之妙，亦如梁启超所言“可为三叹”也，词曰：“为范南伯寿。时南伯为张南轩辟宰泸溪，南伯迟迟未行。因作此词以勉之。掷地刘郎玉斗，挂帆西子扁舟。千古风流今在此，万里功名莫放休。君王三百州。燕雀岂知鸿鹄，貂蝉元出兜鍪。却笑泸溪如斗大，肯把牛刀试手不？寿君双玉瓯。”

古时的人都十分看重寿辰，尤其是挚友之间，常常会互赠诗词以示祝贺，由于人情世故，这一类的诗词免不了风格浮夸逢迎，附庸风雅，格调不高。辛弃疾性情爽朗，出仕期间交友甚广，他为朋友也写下了不少寿词，而这首《破阵子》可谓不落俗调，文质兼美，凸显诗词大家的风范。

全词用了范增、范蠡、陈涉、周盘龙、宗悫、子游六典，婉转而意味深长地表达了他对范如山寄予的厚望。第一句“掷地刘郎玉斗，挂帆西子扁舟”，出自刘邦令张良送玉斗给项羽的谋士范增，范增痛感项羽不听劝告放走刘邦，贻下后患，而将玉斗置于地，拔剑撞而破之。辛弃疾以碎玉开始，而又以结尾句对范如山上献以玉碗祝寿，其间，捕捉心灵之悟，语言巧妙，以万里功名对千古风流，又提及君王三百州，而大宋的三百州此时已破碎不堪，完玉之业又岂能以一己之得失而置之度外。

接下来的一句“挂帆西子扁舟”，说的是春秋吴越之争，范蠡将西施献给吴王，以蛊惑吴王而致吴国亡，迎回西施后，不受赏赐，而带西施乘舟游五湖而不返。辛弃疾用上面这两个典故的用意，主要因范增与范蠡都姓范，又都是足智多谋的谋士，因此以二范来比范如山，希望范如山能成为二范那样的人物，竭诚竭力地为自己的国君做出贡献。如此晦涩的开端，却深沉地为后面的劝勉做了一个有力的铺垫，可谓语重心长，用心良苦。

辛弃疾在赞美范如山的才华宏志，期望他前途无量的同时，也劝告他不要嫌弃泸溪职位低而难以施展才能，应该把它当作建功立业的起点。辛弃疾为了表达出这样的心思，特地选用了四个典故，一是陈涉辍耕于垄上，慨叹“燕雀安知鸿鹄之志”的故事，以此来表明辛弃疾十分理解范如山的宏伟志向，范如山之所以不愿就任，是希望自己有更大的作为。二是用“貂蝉元出兜鍪”，来表示辛弃疾非常理解范如山有非凡的才能，想得到更大的发挥，但是想建功立业，想得到参与朝政的要职，必须在实际的职位上凸显自己的优秀，积累战绩。三是：南朝宋大将军宗悫的故事，辛弃疾借此来表明自己理解范如山的心情，去泸溪就任，似乎是有点大材小用，自己没什么主动权，难有作为，但宗悫都难免屈居下沉，受小人之气，何况你我。辛弃疾鼓励范如山不妨以牛刀杀鸡，一试身手，把泸溪治理好，以显示自己的才能。

朋友间的友谊是一种温静而深沉的爱，这种爱因长久的相知和共同的理想而产生，其间蕴涵了理智与情感的交融，于彼此的心里，仿佛存放着一份沉甸甸的责任，在朋友迷茫的时候，像一团磷火，在他身旁亮起，驱散弥漫四周的阴霾，让他落寞的心感受到一份温暖的阳光，照进心田，如久旱的心遭遇到一场雨，备感滋润感动，亦如辛弃疾与范如山的情谊，他们的友情蕴涵着亲人般的关爱和挚友间的互勉与期待，无论是成功还是失败，无论是清醒还是迷惘，他们都能相互提携，相互激励，他们的友情就如一杯醇酒，沁人心脾，回味无穷，举杯畅饮，终是想“留君一醉意如何”。

可是正如《金刚经》所说：一切有为法，如梦幻泡影。如露亦如电，应作如是观。这世间，最容不下的便是永恒。因为再深厚的友情，都要面对死别这一关。1196年，六十七岁的范如山抱着未见山河统一的遗恨，撒手而去，留下辛弃疾孤单一人在世间，继续为着那一统中原的报国梦，誓死战斗着。

05 | 周孚，相逢楚天晚，却看蜀江流

辛弃疾的一生，壮志难酬，却幸得一干好友，在他失意的政治旅途中，与他同进退，共唱和，温暖了他的人生。这一干好友之中便有周孚。周孚与辛弃疾是同乡，两人因为地缘接近，加上志趣相投，一生心有灵犀。周孚不仅是辛弃疾生活中的好友，也是他仕途中的得力幕僚，为辛弃疾孤寂的生命送来一缕难得的温暖。

乾道元年，二十六岁的辛弃疾刚从凌寒肃杀的战场脱下战袍，任广德军通判。从粗犷苍劲的故土北方来到风景清丽的异乡南方，辛弃疾举目无亲，备感寂寞，纵有满腔感慨也无处抒发，幸得辛弃疾也是一个喜文弄墨之人，于是时常参加南方士大夫的宴饮交游。

吴楚之地金粉荟萃，文人才子云集，辛弃疾开始漫游吴楚，结交各地俊彦，这位柔肠百转的须眉汉子幸运地与一名吴语楚装、温婉可人的女子相爱了。正是这门情缘，让辛弃疾收获了两段至真至纯的友情。妻兄范如山，一生为友。更与范如山的好友周孚结为

至交。

周孚字信道，自号蠹斋，祖籍山东济南，为将门之子，自幼习武，武艺精进，且才情斐然。自靖康之乱后，迁至京门，与范如山交好。周孚与辛弃疾虽未见谋面，却是早闻其名。五年前，辛弃疾的忠义军南下投宋时，他在辛文茂的军中担任书记官，对名震一时的辛弃疾印象深刻，也颇有景仰之情，他没想到会在范如山邀请的宴会上，有幸见到气度非凡的辛弃疾，他虽年长辛弃疾六岁，两人却是一见如故。当辛弃疾得知周孚也是山东济南人，且遭遇相似时，顿感惺惺相惜，深入交谈后，两人更感意趣相合。

高兴至极的辛弃疾，看着范如山园中景物，诗兴大发，当即作词一阕赋范如山园中文官花：

倚栏看碧成朱，等闲褪了香袍粉。上林高选，匆匆又换，紫云衣润。几许春风，朝薰暮染，为花忙损。笑旧家桃李，东涂西抹，有多少、凄凉恨。

拟倩流莺说与，记荣华、易消难整。人间得意，千红百紫，转头春尽。白发怜君，儒冠曾误，平生官冷。算风流未灭，年年醉里，把花枝问。

字里行间跳跃着的是辛弃疾他乡遇知音的欣喜心情，而满眼美不胜收的景色，正如此时舒缓的心情，随春风缓缓荡漾开来，难以言尽。

两人在宴会上相谈甚欢，颇有相见恨晚之感，分别之余，尚未平静的周孚即兴做了《寄辛幼安》诗二首，以表内心的激动之情。

我屋与君室，济河南北州。
相逢楚天晚，却看蜀江流。
老境浑能进，妖氛竟未收，
何时一座地，归种故园秋。

别去才三月，人来已两书。
老怀多弛旷，厚意独勤渠。
共叹飘流际，能收谤骂余。
春风绿林壑，还伫短辕车。

周孚在诗中将两人在异乡相遇的激动之情淋漓尽致地表达出来，即便现在读来，还能隐隐触到当时的气氛和心境。

自此之后，两人经常在公事之余，往来游宴，参加各种酬唱活动，情谊渐深，最终成为终身挚友。后来辛弃疾宦游异地，也经常和周孚有诗作往来，而辛弃疾在这些唱和游宴中更是逐渐转变了自己诗词创作的风格，词风从清新婉约开始向豪迈大气转变。

乾道八年春二月，辛弃疾被朝廷调离京城，远赴滁州任职，辛弃疾不弃滁州为边远荒废之地，不恋临安的繁华，孤身来到滁州上任。只因滁州临淮水前线，乃战略要冲，此地因连年战乱，再加上水旱灾荒，使这里的城郭处处倾圮毁坏，百姓流离失所，一切百废待兴。

辛弃疾来不及感叹滁州的萧条和凄凉，便召集官员，商量对策，整饬政务，招抚流亡，安定民生，操练习武，为日后恢复中原做准备。

在辛弃疾的整饬下，滁州商贸开始兴旺，农业出现丰收，人心开始安定，财政收入逐年递增。辛弃疾推行新政初显端倪，成果喜人。乾道八年六月初，心情大好的辛弃疾决定在繁雄馆旁，修建一座高楼，取名“奠枕楼”，意为天下太平。八月中旬，工程竣工，奠枕楼巍峨雄伟，直入云际，登楼可俯视滁州城中南来北往商贾如织的繁华街市。

得意的辛弃疾在书信中也不忘跟自己的好友周孚、范如山等人提及此事，并附上新楼落成的详细时间。他还专门写信给周孚，邀请他来滁州做客，顺便参加新楼落成仪式。周孚、范如山等一众好友便相约到滁州为他捧场。

八月中秋之夜，辛弃疾设大宴，宴请城中名流、同僚和好友庆祝奠枕楼落成。奠枕楼落成当天，气象一新，滁州民众无不欢欣鼓舞，滁州城昔日的荒陋之气在今天可谓一扫而空。

席间，辛弃疾与大家觥筹交错，言谈甚欢，众人纷纷送上祝贺之词，辛弃疾乘着酒兴当场和了一阕《声声慢》。

征埃成阵，行客相逢，都道幻出层楼。指点檐牙高处，浪涌云浮。今年太平万里，罢长淮、千骑临秋。凭栏望：有东南佳气，西北神州。

千古怀嵩人去，还笑我、身在楚尾吴头。看取弓刀陌上，车马

如流。从今赏心乐事，剩安排、酒令诗筹。华胥梦，愿年年、人似旧游。

辛弃疾在词中表达了对当前友人相聚、举杯言欢的感慨之情，也传递了对眼下赏心乐事的真诚赞美，更寄托了他无限怀念的北国故土，让他拍遍栏干，都难以抒怀的郁愤。宴罢，辛弃疾的友人周孚和严子文各自作了一篇《奠枕楼记》来纪念这场盛事。

周孚看到滁州在辛弃疾的整顿之下，五业兴旺，民心稳定，而奠枕楼正是对当前形势的最好彰显，可喜可贺。“今岁又宜麦而美禾，是天相吾民也。吾之名是楼，非以侈游观也，以志夫滁人至是，始有息肩之喜，而吾亦得以偷须臾之安也。子以为如何？予以为天下之事，常败于不乐为者。夫君子之仕，凡事之在民者，皆我所当尽力也。尽吾力而不成，吾无憾焉。苟曰吾乐大而狭小，岂民望哉？今以侯之仕进，而较其同列，盖小屈矣。人意侯不乐于此也，而侯勿惰勿偷，以登于治，亦可谓贤矣。故楼之役虽小，而侯之心其规规然在民者，尚可验也。夫敏以行之，不倦以终之，古之政也，其可无传哉？故予乐为之书。”

其实，周孚并未完全参透辛弃疾内心深处埋藏的愿望，只流于对当前表象的解释，但字里行间流露出对朋友的体恤和关切。

而周孚自乾道二年中了进士之后，寓居京口待真州教授阙，一直未授官职。辛弃疾这次邀他来滁州，也正有留他共事的心意。待奠枕楼落成大宴散场，辛弃疾便邀周孚详谈。周孚应朋友之请，留在了滁州，成为辛弃疾的幕僚，在政务上鼎力辅佐。因周孚文笔出众，每上书公文，必言辞俱凿，一气呵成，令上司为之深深折服，只有感叹：妙哉妙哉！直到乾道九年，周孚才离开滁州。在滁州期间，受命他人拟写《代辛滁州谢免上供钱启》《劝农文》《跋太祖皇帝赐王嵓帖》《奠枕楼记》等文章。

乾道九年，朝廷正在积极筹备北伐，而辛弃疾主持的滁州民心稳定，经济繁荣，抗金御敌有了坚实的后盾。看到恢复中原有望，辛弃疾的心情非常愉悦，准备约好友来滁州尽情游玩一番，顺便借赋词作诗抒发一下自己按捺不住的激动心情。正月十日初春，辛弃疾企盼已久的一批好友从江浦来到滁州，周孚也在其列。欣喜异常的辛弃疾暂时放下手中的公务，准备陪好友到附近的琅琊山登高望远。准备登山的第二天，推门才发现外面大雪纷飞，出门登山暂且搁置，大家在家饮酒叙话。大雪洋洋洒洒下了三日之后方停，趁着白茫茫的雪景，辛弃疾和这批好友登上了琅琊山，一路欢笑。

游览之余，辛弃疾看到一众好友虽相聚在此，但是过了今日，即将各自离去，也不知何时能再相聚，顿生伤感，于是命工匠勒石，泼墨题字，在无梁殿西清风亭后的摩崖石刻“乾道癸巳正月三日大雪，后二日，辛弃疾、燕世良、陈弛弼、周孚、杨森、慕容辉、度恕、戴居仁、丁俊民、李扬、王恕、李浦来游”。打算备战闲暇之余，便来此地静坐畅想，怀念友人。

淳熙元年二月，虞允文去世后，南宋朝廷对伐金的愿望大大减弱，辛弃疾备感失望，收复中原的政治抱负似乎无从实现了，加之一些无端的谗毁扑面而来。心血枉费的挫败感让他一时间萎靡不振，恰在此时，辛弃疾又身染重疾，双重折磨，让他的心力耗竭，一时难能主持政务。卧床半月后，辛弃疾向朝廷请辞，随后回到了京口寓所，在家中逗弄小儿，身体逐步恢复。

在此期间，辛弃疾听说自己的恩师兼知己叶衡新任建康留守，兼江南东路安抚使，心情大振。随后委托好友周孚代写了一个贺启给叶衡："自惟菅蒯，尝侍门墙，拯困扶危，韬瑕匿垢，不敢忘提耳之诲，何以报沦肌之恩。兹以卑身，复托大府，虽循墙以省，昔虞三虎之疑；然引袖自怜，今有二天之覆。伫待荧煌之坐，少陈危苦之辞。"

这份《贺留守启》字字句句不忘感谢叶衡在建康时期对自己的提携、帮助，也透露出辛弃疾当时的心情萧索，与年初明快盎然的心境截然不同，而好友周孚对辛弃疾当时的心境把握很到位，两人之间心照不宣的灵犀，让人羡慕，也令人叹服。

叶衡了解到辛弃疾的情况之后，心中始终牵念辛弃疾的近况，想到以气节自负的辛弃疾，此时定忧愤难解，遂在二月底，前去探访辛弃疾，并邀请辛弃疾到他的幕府中担任参议官。辛弃疾欣然同意，心情逐渐转好，并吩咐侍从尽快整理行装，赶去建康赴任。

一直陪在辛弃疾身边的周孚看到好友再次赴任之时，精神大振，临别京口，再次写了一首《送辛幼安》七律诗为他送别："西风掠面不胜尘，老欲从君自濯熏。两意未成还忤俗，一饥相迫又离群。只今参佐须孙楚，何日公卿属范云？节物关心那可别，断红疏绿正春分。"

诗中提到的孙楚和范云都是才华超群之辈，后来都成为位高权重的公卿。周孚用这两个古代名人比拟辛弃疾，他认为以辛弃疾的才华和政见，足以配得上公卿的职位。言辞之间，除了对好友辛弃疾的鼎力支持之外，还有对好友怆然涕下的无尽怜惜。

而周孚也令辛弃疾最为牵挂，自周孚中进士后，朝廷近九年没有授予他官职。周孚满腹才华却遭到冷遇，一度空置，何尝公平？辛弃疾一想到此，便感慨良多，遂专门写信宽慰他。两人惺惺相惜，时常以诗词相赠互勉。

俗语说，守得云开见月明，在周孚中进士后的第十年，朝廷授予他真州教授一职。也许是天妒英才，周孚上任不到一年便身亡了，年仅四十三岁。他满腔热血，一身才干，还来不及施展，便化为尘土了。周孚也成为辛弃疾记忆中一个永恒的定格，他永远记得周孚意气风发、挥斥方遒的年轻面容，却无法描绘出白发苍苍的老年周孚。

辛弃疾是幸运的，虽然他在颠簸的人生中，始终心怀跻身仕宦，匡复山河的理想，却总是在现实中碰壁。所谓失之东隅收之桑榆，他的身边总是有一群志同道合的朋友，在他生命的诗篇之中，熠熠生辉。

经典文学值得一读再读

她，民国四大才女之一；她是一个生性聪慧多才多艺的女人；
一个备受争议却不辩白的女人；
一个浪漫孤寂命运坎坷的女人……

陆小曼，北京城一道不可不看的风景
她名不虚传，堪称东方才女，以情传世，以宏大的视觉
以优美笔触写出了陆小曼的不平凡生世
肠断人琴感未消，此心久已寄云峤
年来更识荒寒味，写到湖山总寂寞

ISBN：978-7-5496-0452-4　定价：25.00元